Beschwere dich nicht, schwebe

Gabriele Lisa Klassen

Beschwere dich nicht, schwebe

Ein mentaler Crash-Kurs
für die Entfaltung der Selbsterfindung

Bibliografische Information der Deutschen Nationalbibliothek:
Die Deutsche Nationalbibliothek verzeichnet diese Publikation in der
Deutschen Nationalbibliografie; detaillierte bibliografische Daten sind
im Internet über http://dnb.d-nb.de abrufbar.

© 2008 Gabriele Lisa Klassen
Satz, Umschlaggestaltung, Herstellung und Verlag:
Books on Demand GmbH, Norderstedt
ISBN: 978-3- 8370-4778-3

Inhalt

„Life is life" – und es entfaltet sich immer rascher, immer überraschender.

Werte die gestern noch hoch im Kurs standen; heute kannst du sie vergessen!

Die Vorstellungen mit denen wir alle groß geworden sind; gelten nicht mehr. So schmerzhaft wie das manchmal ist, so herausfordernd kann es auf der anderen Seite sein, immer wieder neu herausgefordert zu werden im „Rad der Möglichkeiten". Es kann nur noch darum gehen ein möglichst breites Portfolio an Fähigkeiten zu entwickeln und, je nach Herausforderung daran zu gehen mit dieser Machart, der Kunst des respektvollen Agierens, bestehen zu können.

„Alles will schweben", da gehen wir daher wie „Beschwerer", das schrieb uns schon Rilke in seinen Gedichten, und: er hatte recht! Leicht laßt es uns nehmen. Leicht, jedoch ohne Leichtsinnige zu sein, denn das ist damit nicht gemeint. Ja, die volle Bedeutung des Wortes „Beschwerde" liegt tief in uns, wie haben eine Beschwerdestelle eingerichtet und dort liegen unsere Beschwerden gegenüber den Geschenken des Kosmos. Wir haben Beschwerden die liegen in den Gelenken, in den Knochen oder in den Muskeln. Auch ein Unfall kann ein Geschenk sein, in den Momenten des Erholens von den Unfallfolgen bekomme ich vielleicht zum ersten Mal in meinem Leben Kontakt zu meinem tiefsten inneren Kern.

„Alles will schweben – "; wann aber schweben wir und wann wendet er? In dieser Frage, zu Beginn des Jahrhunderts von Rilke so formuliert, findet sich eine Menge von dem, womit wir uns heute auseinandersetzen müssen: Wir sollen abgeben, uns selbst nicht so wichtig nehmen und nicht alles „machen" wollen, selber machen wollen. Wir sollen uns leiten lassen.

Eine solche Forderung ist für den Menschen unserer Zeit eine echte Herausforderung. Setzen uns doch die millionenschweren Erfolgstrainer pausenlos die Idee in den Kopf: Alles ist machbar, alles ist möglich!

Das stimmt so aber nicht, vieles ist möglich, jedoch ist es notwendig, auch die dafür erforderliche Vorarbeit zu leisten und damit die Möglichkeiten zu schaffen damit das Wunder echt eintreten kann. Und zwar auf natürliche wundersame Weise, nicht künstlich und nicht irgendwie erzwungen.

Merke:
Die erste Regel der Magie ist Zurückhaltung
Julia Cameron, USA

1. Mathilde empfängt einen Liebhaber

Seltsam, ich habe dieses Buch nie gelesen und trotzdem hat meine Gedankenwelt sich oft mit dem Inhalte des Buches beschäftigt. Sozusagen ganz in meiner Vorstellung. Ich stellte mir es so vor, dass eine Frau, eine die immer recht brav war, sich die Freiheit genommen hat sich der Liebe hinzugeben. Wie frivol? Oder doch nicht? Ich glaube eher; sie ist gewachsen in dem Moment; in dem sie sozusagen ihren Gefühlen nachgegeben hat und wie die Mohnblumen im sanften Wind, sich in den Armen ihres Liebhaber hat hin und her schaukeln lassen.

Wie kommt es, das wir über einen solchen Titel ins Nachsinnen kommen? Als ob die Tatsache, das Mathilde, oder wer auch immer, einen Liebhaber oder eine Liebhaberin empfängt nicht das Selbstverständlichste von der Welt wäre? Es ist, meine Leserinnen und Leser, das Selbstverständlichste von der Welt!

Es sollte doch, verdammt noch mal, das Selbstverständlichste sein überhaupt, das Mathilde einen Liebhaber empfängt. Das tut sie für sich und dafür, das es ihr gut geht. Vielleicht hat sie ja dafür einen Alkoholabhängigen Mann, mit dem sie schon viele Jahre verbrachte und den sie vergeblich hoffte zu heilen, in die Wüste geschickt. Wie gut, wie schön. Aber wir wissen es nicht, denn wir haben das Buch nicht gelesen, sondern wir haben uns nur von dem Titel inspirieren lassen bei unserem Vorhaben, Duft und Mohnblume neue zu erfinden, und damit uns selbst neu zu erfinden. Natürlich uns selbst, denn dieses Vorhaben steckt ja dahinter. Haben Sie nicht schon jahrelang Tagebücher geschrieben und beim Aufschlagen der üppigen Werke einen riesengroßen Schrecken gekriegt? Mein Gott, darüber habe ich schon vor Jahren geklagt und nichts habe ich verändert. Es erscheint wie ein Verharren in der Bewegungslosigkeit. Veränderung geschieht indem man eine Entscheidung trifft. Glück folgt der Entschiedenheit. Aber, so werden Skeptiker jetzt einwenden, man kann auch falsche Entscheidungen treffen! Ja, aber das ist immer noch besser als keine Entscheidung.

Ein Alkoholiker trifft nie eine Entscheidung gegen das zerstörerische kühle Naß und vernichtet damit auch die soziale Existenz von ihm nahe stehenden Personen. Oder greift vergiftend ein in das Selbstwert und Selbstachtungssystem seiner Söhne und Töchter, die dann lernen im Leben zu leugnen, leugnen. leugnen und nie Entscheidungen zu treffen. So kann man natürlich sein Leben auch verbringen, aber warum nicht einfach den glücklichen Weg wählen.

Mathilde jedenfalls hat sich entschieden, dafür, sich etwas zu nehmen und das ist gut so, mehr brauchen wir ja auch gar nicht zu wissen. Es genügt zu wissen, das andere Entscheidungen treffen dafür, das es ihnen gut geht. Daraus lernen wir und entscheiden uns dafür, gewisse Elemente unseres Lebens neu zu erfinden.

Bei Veränderungen und Neuerfindungen geht es darum, einen Schalter im Inneren des Schaltgebäudes unserer selbst umzudrehen. Und dann, wie immer, wenn man sich dazu entschlossen hat einen Schalter umzudrehen, verändern sich auch die Ereignisse, die im Äußeren stattfinden. Es gibt zum Beispiel eine aus dem asiatischen kommende Weisheit die besagt, wann immer man die Umwelt eines Menschen ändert, ändert sich auch das Verhalten des Menschen. Und das kann man beeinflussen hin zum Erfolg.

Tätig sein ist der Schlüssel hin zu den guten Gefühlen.
Der Schlüssel zum Umgang mit einer Veränderung ist die
Erkenntnis, das es sich um einen Prozeß und nicht um ein
Ereignis handelt.

Es gibt einen bemerkenswerten Song von Madonna „The
Power of goodby" oder The power of no.

2. Veronika beschließt zu sterben

Auch dieses Buch habe ich nie gelesen, aber ich habe, die Leserin, der Leser kennt das ja nun schon, eine gedankliche Auseinandersetzung mit dem Inhalt diese Buches geschaffen. Wenn wir das doch bloß alle täten, beschließen zu sterben, sozusagen den Notfall schon mal im Probeverfahren vorausnehmen, damit wir unser große Angst verlieren vor diesem ungeheuerlichen Vorgang, dem Sterben, welches sich doch täglich um uns herum, neben und über uns ereignet.

Veronika, dieser Name ist einer der berühmtesten Frauennamen der Welt.
Veronika wird eng mit einem Bild in Verbindung gebracht. Einem Bild von geheimnisvoller Ausstrahlung und Bedeutung : Das Antlitz von Jesus Christus. Und dieses auf ein zartes Tuch gemalte Bildnis, hält sehr viele Menschen seit zweitausend Jahren in Bewegung, denn an vielen Orten dieser Welt wird daran geglaubt, das hier und nur hier, dieses einmalig Bildnis aufbewahrt wird. Pilgerscharen bewegen sich dort hin. Nur die wenigsten glauben noch, das sich das tatsächliche Original in Rom befindet. Niemand besitzt die Möglichkeit dieses Tuch tatsächlich einmal längere Zeit in Augenschein zu nehmen, es wird nur Bruchteile von Sekunden überhaupt gezeigt.
Veronika ist also diejenige, die einem Mythos entsprechend, ganz eng mit den Bildern, oder dem Bild in Verbindung gebracht wird.

Und hier haben wir es auch wieder, das Motiv des Sterbens, denn jener Jesus Christus dessen Antlitz in dieses berühmte Tuch, sozusagen hineinprojeziert wurde, befindet sich ja gerade auf dem Weg zum Sterben. Kann es sein, das jene, oben erwähnte Veronika etwas verwechselt?

Veronika jedenfalls, dieser Name ist ein Mythos und dieser Mythos klingt auch an, wenn einem der Titel eines solchen Buches entgegenspringt.

Es gibt Menschen, die haben ihr ganzes Leben der Suche nach dem Tuch der Veronika gewidmet. Die Vorstellung, das uns ein Bild von Jesus über Jahrtausende hinweg auf einem Tuch vermittelt wird, hat schon eine starke Faszination. Zumal die Versionen, die man vom Bildnis sehen konnte, auch eine sehr ansprechende Darstellung vermitteln. Das Anschauen des Jesusbildnisses hat etwas sehr meditatives und inspirierendes.

In der Weihnachtsausgabe der Zeit 2005 war ein umfassender Bericht über die Suche nach dem wahren, dem einzig wahren Tuch mit dem Antlitz Jesus, dem Tuch der Veronika und darin wurde auch deutlich, welch große Bedeutung der Name Veronika hat, bei Veronika klingt etwas an. Veronika ist ein Mythos. Eine bedeutsame Frau, eine Überbringerin einer bedeutenden Botschaft, eines Bildes. Bilder sind die eindrücklicheren Botschaften, viel mehr als das gesprochene Wort. Bilder sind die einzige Wahrheit, darin liegt ihre direkte Wirkung auf uns.

Welchen Mythos können wir uns geben, welcher Mythos sind Sie? Oder, welchem Mythos folgen Sie?

Wenn ich aus meinem Leben einen Mythos mache, dann verändere ich damit auch gleichzeitig meine Sicht der Dinge über mich selbst. Mein Leben verändert sich dadurch; es wird ein anderes und so verändere ich auch mich selbst. Und in gewissen Phasen des Lebens ist es sehr angebracht; eine solche Veränderung, eine Wiedergeburt oder auch ein Sterben und zu neuem Leben erwachen in die Wege zu leiten.

Wenn wir dem Mythos der Veronika folgen, dann wurde sie erwählt. Sie wurde sozusagen auserwählt eine Botschaft weiterzutragen, die Einleitung eines neuen Bewußtsein in die menschliche Gemeinschaft. Denn Jesus steht ja für das Christusbewußtsein; welches zum erstenmal seit es Menschen gab; die Bedeutung der Liebe in den Mittelpunkt des menschlichen Leben hineingestellt hat. Es beginnt also hier eine ganz neue Zeit. Wir alle können uns glücklich schätzen; dieses wertvolle Lebenselexier Liebe so bewußt leben zu dürfen. Jesus selbst mußte ja dafür sterben. Es war also Jesus, der beschloß zu sterben. Zu sterben; damit wir leben dürfen. Leben mit einem neuen Bewußtsein.

Viele berühmte Maler der Weltgeschichte haben Veronika mit dem Antlitztuch gemalt und manche haben sich selbst als das Gesicht von Veronika gemalt, vielleicht um in Kombination mit dem Bildnis von Jesus unsterblich zu werden. Also in der Verbindung mit einem Mythos.

Im Bericht der Zeit heißt es die Veronika war eine, wenn nicht die zentrale Ikone des alten Europa. Es gab viele Riten nach denen, insbesondere zu Ostern, der Veronikaschrein aufgesucht wurde und das Bild auf dem Tuch verehrt und bejubelt wurde. „Indem man das Bild auf dem Schleier aufsuchte, besuchte man das Grab in Jerusalem. Wieder das Grab."

Auch hier kann man sehen wie eng der Mythos Veronika mit dem Sterben verbunden ist.

Ist er es? So beschreibt die „Zeit" ihren Artikel über das Jesusbild zum Jahreswechsel und zeigt damit eine wunderbar gemalte Ikone auf zartem Gewebe, die, je nach Lichteinfall ihren Ausdruck wechselt. „Das Schweißtuch wie es in Manoppello zu sehen ist: Je nach Lichteinfall ändert es sein Aussehen. Von vorn beleuchtet, wirkt das Bild rembrandthaft dunkel. Von hinten angestrahlt, liegt ein Lächeln im Gesicht des Mannes, der Jesus sein soll."

Jesus aber lebt, er ist Bewußtsein. Sich entscheiden „zu sterben" kann für uns ein neues Bewußtsein einleiten, das Bewußtsein sich zu einer anderen Person entwickelt zu haben. Eine die vielleicht sehr viel hinter sich gelassen, losgelassen hat. Frei geworden ist in einem verantwortlichen Sinne. Verantwortung zu übernehmen kann auch bedeuten, Verantwortung für seinen neuen Mythos zu übernehmen. Ganz.

Menschliche Veränderung vollzieht sich immer auf dem Hintergrund der Änderung der Mythischen Struktur. Neue Geschichten über das Leben, über unser Leben lassen neue Verhaltensweisen zu.

3. Du warst vor mir da, ich kam erst später: oder, der Vorrang des Älteren vor dem Jüngeren.

Mit 14 Jahren klammerte ich mich mal eine ganze Zeit lang an den Spruch:

„Ich will, das Wort ist mächtig, sprichst einer leis und still, die Sterne reißt vom Himmel ;dies eine Wort: Ich will!" Oh, welch ein Irrtum, aber zum damaligen Zeitpunkt, fernab der Heimat, machte es Sinn und half zu überleben. Aber, welch einsame, egozentrische Lebenshaltung, einsam und verlassen verläßt sich die Jugendliche ganz auf ihren unbändigen Überlebenswillen, weit und breit keine Hilfe in Sicht?

Es gibt immer Hilfe und wenn sich die vertrauten Personen, die Älteren, die die vorher da waren und die es zu achten gilt, gerade nicht helfen können, dann gibt es immer noch die Hilfe aus dem geistigen Leben. Schon immer gab es, und wir können das wunderbar in den Märchen nachlesen, die kosmischen Eltern, zu denen wir gehen können. Aus der Psychologie, so wie sie von C.G. Jung her definiert wurde, stammt ja das Konzept des kosmischen Kindes welches sich an die kosmischen Kräfte wenden kann, an die Hilfe von höherer Stellen. „Ich bin ein kosmisches Kind", bedeutet dann auch, ich lasse mir helfen und zwar von etwas, was vorher da war, was älter ist als ich, und was schon vieles getragen hat. Eine allumfassende Kraft. „Ich will" ist dagegen ein Konzept, welches wenig Vertrauen impliziert und allein auf die Kraft des Willens setzt, und uns damit einschränkt. Wenn wir nur auf unsere kognitiven Kräfte setzen, beschränken wir uns selbst.

In den systemischen Aufstellungsgruppen wird den Ahnen

einen sehr hohen Wert beigemessen und das natürlich zu Recht, und wir erfahren in den lösenden Sätzen: „Ich bin die Kleine und du bist die Große" eine bisher nie gekannte Geborgenheit, eine Erfahrung besonderer Art. So kann man loslassen; von dem was man „will": Es geht nicht nur um das, was ich will.

Im Buch einer Schweizerin, Katrin Wiederkehr, mit dem vielversprechenden Titel „Wer losläßt, hat die Hände frei" erfahre ich wenig von der Kunst des Loslassen. Denn wenn ich mich belaste mit einer wissenschaftlichen Erkenntnis und einer negativ Botschaft über Frauen, aneinandergereiht, beschwere ich mich, loslassen ist etwas anderes. Die meisten Menschen machen es sich schwer, wir sind geradezu darauf getrimmt. Es geht darum; die Fähigkeit, das zu ändern anzugehen, packen wir es an.

4. „… Die Hunde bellen …"

Ja, und manchmal bellen sie sehr laut.
So, als ob sie dich demnächst in Stücke reißen wollten!

Wenn Hunde bellen geht man weiter, man muß sich dem nicht aussetzen.
Ganz und gar nicht.
Betrachten wir es einmal als Symptom: Etwas an mir ist so außergewöhnlich; das es auffällt: Auffällt; jedem bunten Hund. Was aber macht so auffallend? Es sind die Erfahrungen, die uns geprägt haben, und die mit uns mitschwingen. Sie machen manchmal anderen, vielleicht den immer behüteten, auch Angst. Uns aber geben sie letzten Ende Stärke. Heute am Valtentinstag fällt mir ein, das ich vor einem Jahr, an diesem Tag, um diese Zeit, schon einen ganz ganz großen Blumenstrauß in Händen hielt. Wie glücklich ich damit war! Das Leben ist ein steter und ewiger Fluß, nichts bleibt wie es war, alles fließt im ewigen Strom. Gehen wir nicht auf die rechte oder die linke Seite des Flusses sondern schwimmen wir mit dem Strom; werden wir selbst zum Strom.

Ob die Liebe schon in Asien ist? Für immer und ewig? Genug der Wehleidigkeit, heute ist ein neuer Tag, und er will erobert werden.
Wenn wir das Bild der bellenden Hunde als Metapher nehmen, so können wir daran erkennen, daß es da draußen eine antreibende Energie gibt, die uns jagt. Wenn wir nicht aufpassen, werden wir gebissen. Das gilt es zu vermeiden, indem wir diesem Antreiber (bekannt aus der Transaktionsanalye), unsere Kreativität entgegensetzen.

Hunde bellen mitunter dann, wenn sie unsere Angst spüren. Genauso ist das im Mobbing-Prozess. Menschen nehmen wahr, da ist er oder sie verletzbar, und dann schwächen sie ihn, genau wie im Tierreich. Die geheimen Regeln des Geheges wirken auch heute noch an unseren Arbeitsplätzen, nur sind wir ihnen nicht mehr machtlos ausgeliefert. Wir können bilanzieren, realisieren und daran arbeiten. Das kann auch bedeuten, etwas zu akzeptieren.

Dabei aber müssen wir nicht stehenbleiben. Am eigenen Thema zu arbeiten heißt, das ich mich informiere und allein auf diese Weise gutes für mich tue. Es gibt ein wunderbares neues Konzept in Deutschland welches sich „Unternehmen Selbstentwicklung" nennt und von Jens Corssen entwickelt wurde. Zu finden unter gleichnamiger Website. Hier lernt man in kleinen nachvollziehbaren Schritten seine Schüchternheit zu überwinden und zwar durch übendes Verhalten. Mit der Zeit kriegt man dann wieder klar, das andere manchmal gar nicht so wichtig sind, sich aber gerne mal wichtig machen, gegebenenfalls durch destruktiveres Verhalten.

Wir selbst sind jedoch keine Götter und Göttinnen wie in den antiken Mythen, schön wärs, sondern Menschen mit ihren Grenzen, die es anzuerkennen gilt. An Größe gewinnen wir vor allem durch den Mut, den wir zu entwickeln in der Lage sind, und den gilt es übend zu trainieren. Es gehört doch Mut dazu, den Zeitungsinserenten anzurufen, der da Aquarelle zu kaufen sucht, und die eigenen anzubieten. Er aber sucht hochwertige alte Aquarelle und lässt uns dies auch in einem verbalen Gefälle, vergleichbar dem Riesen und dem Zwergen, wissen. „Oh, da bewegen Sie sich in einer wenig versprechenden Sphäre, alle gut informierten Sammler suchen heute neue Aquarelle!" war die richtige Antort, der Gesprächspartner war platt. Es gibt immer eine andere Möglichkeit.

Es gibt auch immer eine Lösung. Das Problem ist nur die Vorderseite des Lösung, weshalb es sich lohnt, mal den Standpunkt zu ändern. Von dort aus sieht dann alles schon ganz anders aus.

Probleme können Anlässe sein, das Glück des Lebens zu vergrößern.
Vergessen wir das nie.
Da wo ich heute aus einer Tür heraustrete, öffnet sich schon morgen eine neue Tür für mich, mit einer ganz anderen Aussicht. Und das ist es doch, was wir wollen und brauchen. Zwanghaft immer desselben zu tun, legt Hirnareale glatt. Unser Gehirn will gefordert werden, und bedankt sich dafür bei uns. Deshalb beispielsweise lohnt sich schon ein konsequentes Atemtraining: die enorme Verbesserung der Durchblutung des Gehirns schenkt uns dann bessere Bilder, und einen wunderbaren freibleibenden Energiefluß durch den ganzen Körper.

Atmen zu lernen ist etwas, was unser Leben erweitert und damit unsere gesamt Energie dramatisch verbessert.

5. „…Die Karawane zieht weiter …"

Mit der Zeit gelingt uns ein Höchstmaß an Veränderung, und zwar verändern wir uns auch durch die Reaktionen der anderen auf uns. Plötzlich merken wir, das da etwas nicht mehr stimmt, zwischen dem anderen und uns. Mit der Zeit hören wir sogar auf, darüber zu erschrecken, denn das Leben ist evolutionär. Es verpaßt dem anderen eine andere Erfahrung als uns, und beide Erfahrungen passen dann nicht mehr zueinander. Der eine interessiert sich für Neuroforschung, der andere für Engel, und zwar nur für Engel. Dabei ist es doch so schön und erweiternd sich z.B. für beides zu interessieren. Das verspricht Änderung und einen jugendlichen Geist.

Ja, sehen wir uns doch als Person die nach Veränderung strebt, eine, die den steten Wandel sucht und nicht das Verweilen. Verweilen ist, wie schon Rilke sagt „nirgends". Weiter schreiten ist unser Programm. Das Neue suchen und finden, ist der Garant für das Überleben in einer ständig sich wandelnden Gesellschaft, so wie sie heute existiert. Das Ergebnis vorhergehender Evolution. Wunderbare Erkenntnisse, Weisheit mit wissenschaftlichem Hintergrund findet sich in den Büchern von Detlef Linke, im besonderen bei „Das Gehirn und sein Ich"; hier werden zukunftsrelevante Fragen aufgeworfen, mit denen wir uns alle auseinandersetzen sollten.

Die Karawane zieht weiter, wir ziehen mit oder gehen unseren Weg.

Da wir es hier in diesem Buch immer wieder mit dem Mythos zu tun haben, erkennen wir auch : Die Karawane die weiterzieht, ist ein uralter Mythos. Das Bild einer langen Reihe von hintereinander hertrottenden Kamelen ist wie eine Einladung zur Trance. Denn es ist vergleichbar mit dem, ewig in seinem Bett weiterfließenden Fluß, der nie aufhört zu fließen, so wie die Evolution des Lebens selbst. Alle großen Religionen bedienen solche Bilder und verbinden sich so mit einem, in unserem Gehirn angelegten Bedürfnis nach religiöser Erfahrung. Religiöse Erfahrungen stellen uns zutiefst zufrieden, und tragen schon allein von daher zu unserer Gesundheit bei. Wenn wir also den Mythos in unserem neuronalen Oberstübchen fest einbauen, für den täglichen Gebrauch, dann sind wir damit gut aufgehoben. Kollegen mobben oder betreiben bossing. Was, so fragen wir uns, hat das mit uns zu tun?

Die Karawane zieht weiter. Einmalig und unauslöschlich in meine Erinnerung eingebrannt ist Bert Hellinger auf der Bühne stehend und sagend: Die Hunde bellen und die Karawane zieht weiter!

Wir alle kennen die Aufforderungen aus den Ausbildungsseminaren: Verändere dein Weltbild, schaffe diesen Glaubenssatz ab. Wie aber sollen wir das tun, wenn wir keine neuen Bilder haben die neuen Glauben vermitteln können? Hier helfen uns die Mythen und zwar, meiner Meinung nach die neuen Mythen, wir benötigen neue Mythen. Immer wieder auf die leidende Innana, die zur Unterwelt absteigt zurückzugreifen ,erschöpft sich. Meiner Meinung nach ist zum Beispiel Jackie Kennedy ein solcher Mythos, und zwar in ihrer ganz und besonderen und persönlichen Art Arbeit für wesentlich für den Menschen zu halten und zu arbeiten. Sie, die Frau, die das doch gar nicht nötig hatte, ist hier für uns alle ein unglaublich positiv wirkender Mythos. Arbeit geht weit über den reinen Erwerb der Lebensgrundlage hinaus. Arbeit ist Kommunikation mit dem Kosmos im Dienste aller Menschen.

Wenn wir es dann noch schaffen, in unserem täglich zu führenden Logbuch eine Aquarell-Karawane zu malen, Farben ruhig verlaufen zu lassen, ja dann haben wir es geschafft.

An die Karawane denke ich täglich, wenn vor meinem Fenster die Kähne nach Basel oder Weil am Rhein vorbeiziehen. Der schönste von ihnen heißt Leonardo da Vinci.

6. Souverän sein heißt reich sein.

Reich sein hat viele Dimensionen. Mit einer über 40 Stunden Arbeit kann heute kaum noch jemand reich werden. Er kann es über den gezielten gewinnbringenden Einsatz seiner Ressourcen. Wer hat schon ein Stundenhonorar von tausend Euro?

Oder: „Was würden Sie machen, wenn Sie plötzlich eine Million Euro hätten?", wurde der Bankier Hermann Josef Abs einmal gefragt. „Da müßte ich mich sehr einschränken", antwortete der. Stefan Klein, Herausgeber von Büchern auf der Basis von Neuroforschung, beschreibt in seinem Buch „Einfach glücklich", daß die Wirkung von übertriebenem Ehrgeiz auf uns oft Depression und Niedergeschlagenheit sind. „Immer mehr" macht nicht glücklich.

Glücklich machte uns schon eher die Tatsache, das wir eventuell über bestimmte Ressourcen verfügen, die uns ermöglichen, gewisse Wünsche in Erfüllung gehen zu lassen. Wenn ich mir meine Lieblingssitzgruppe „torgo" einmal leisten kann, darf auch gebraucht sein, wird dies ein gewisses Glücksgefühl auslösen. Ganz sicher. Ist es nicht interessant, das sie sich schon seit Jahrzehnten auf dem Mark hält, also gerade so, als ob sie auf mich warten würde. Haben Sie auch solche Ressourcen? Es muß ja gar keine Sitzgruppe sein, es kann ja eine Rose sein, aquarelliert, und immer wieder anders, immer wieder neu, und immer wieder gefallend. Sie hat ihren Kundenstamm gefunden. Souverän sich selber leben heißt auf die eigenen inneren Kraftquellen vertrauen. Sie wissen doch, es gibt geistig behinderte Kinder mit einem eingetragenen Markenzeichen und das was da angeboten wird ist sehr sehr schön.

Wenn es uns nicht gelingt, Souveränität zu leben, dann begrenzen wir uns. Souverän sein ist die wertvollste Ressource überhaupt. In meinem Fall lautet sie u.a.: ich lasse mir Zeit, ja ich habe alle Zeit der Welt. Zeit ist ja Luxus pur. Was nutzt ein Supergehalt; wenn es mit permanenter Erschöpfung einhergeht? Das scheint mir eher wie Selbstmord auf Raten. Hier ist ein Kurs in Selbstliebe dringend angeraten.

Zeit zu haben bedeutet, souverän mit all den Ressourcen der Selbsterfindungs-Meisterschaft umzugehen. Die neue Identität folgt nicht unbedingt dem radikalen Wandel, sie benötigt vielleicht etwas mehr an Wachstumsprozess. Vielleicht paßt ja auch das neue Outfit noch nicht so optimal, oder wir haben bei der Farbe platt daneben gegriffen. Orange ist gut für Kinder, grün für Frösche. Egal. Souverän sein ist alles. Ich jedenfalls liebe mein platinblondes Haar, welches morgen vielleicht schon wieder ein wenig anders schimmert.

7. Charisma ist die Gabe Gottes

Über Charisma wurde schon sehr viel geschrieben. Meine Charisma-Kurse an der Abendakademie werden gut besucht.

Charisma, die genialste aller Gaben Gottes wird jedem von uns in die Wiege gelegt und zwar zusammen mit der Aufforderung, daraus etwas zu machen. Was für einen Unterschied es ausmacht, einer Schauspielerin wie Juliette Binoche beim Spiel zuzuschauen, im Vergleich zu vielen anderen Verkaufsschaupsielern. Bei Binoche ist alles ein Spiel von innen, sie führt uns in bis dahin nie gekannte Tiefen.
Natürlich geht es bei Charisma auch um die innere Einstellung: Ich habe den Mut mich selbst zu ändern, Verhaltensweisen, die ich als unpassend erlebe abzulegen. Oder auch ich setze mich an das Steuer meiner Feebackschleifen die ich von Außen bekomme. Ich setze auf Erfolg: bei Gesundheit, bei Liebe, bei Geld und zwar weil ich die Verantwortung für mich übernehme. Wenn man Verantwortung übernimmt und Wehleidigkeit losläßt ist man Steuerfrau oder Steuermann seines Lebens. Warum sollte das von mir so gesteuerte Lebensschiff anrammen? Unüberschaubare Fahrten wie die der Titanic vollführe ich sowieso nicht mehr. Ich habe immer ein einsehbares Ufer. Und kleine Kratzer an der Fassade, ja ohne die soll mein Leben nicht abgehen, die machen dann die geheimnisvolle Patina aus.
Kann ja wohl so nicht sein. Nein, es geht darum auch die Verantwortung für die Kraft in mir zu übernehmen.
Aber es darf auch Tage geben da kann mein Charisma ganz woanders sein. Gönnen wir uns den Luxus, uns ganz einfach auch mal gehen zu lassen. Lassen Sie die Seele baumeln wie

in einer Hängematte. Wer sagt denn das wir immer unsere Kronjuwelen tragen sollen? Klar sollen wir uns fühlen wie die Königin oder der König in seinem Reich, aber auch die haben ja bekanntlich mal frei oder bekommen Nachwuchs.

Charisma ist wie ein inneres Feuer, welches brennt und manchmal lichterloh und man kann es dann auf unseren Gesichtern erkennen. Das heißt, es gibt Themen in unserem Leben für die wir uns ganz einfach leidenschaftlich begeistern können. Gut so. Wenn wir daran arbeiten, nicht zwanghaft sondern leise, dann arbeiten wir an unsere Sicht der Dinge von der Welt. Wir arbeiten an unserem Weltbild.

Selbstzweifel stellen ein wichtiges Thema da, an dem es noch zu arbeiten gilt. Klar, diese wollen wir ja insgesamt über Bord werfen, wann immer wir uns mit der Kunst der Selbsterfindung beschäftigen. Leichter gesagt als getan. Wenn wir an uns selber zweifeln, schmälern wir unsere Strahlkraft, wir stellen bildhaft gesprochen unser Licht unter den Scheffel.

Nehmen wir es wieder darunter hervor und lassen es öffentlich werden. Das ist das Geheimnis.

Wir glauben an die Echtheit unserer Gefühle und das vermittelt sich dem anderen: wir sind echt.

Die Arbeit am eigenen Körper hilft die Strahlkraft des persönlichen Charismas zu erhöhen. Wenn wir uns an die entsprechenden Übungen gewönnen, dann gewöhnt sich unser Körpersystem schnell an die sich einstellenden guten Gefühl. Unser Gehirn bedankt sich mit den entsprechenden Botenstoff. Es ist wie ein Geschenk:

Rainer Maria Rilke:

„Nichts ist mir zu klein, ich lieb es trotzdem, und mal es auf Goldgrund und groß, und ich halte es hoch, und ich weiß nicht wem, löst es die Seele los"

Darin auch verbirgt sich das Geheimnis von Charisma, daß wir uns nicht klein machen sollen, wir sind alle groß.

Charisma ist ein bewegendes Thema, wir bleiben dran.

8. Jedem wurde sie (Charisma, die Gottesgabe) in die Wiege gelegt.

Wir kommen auf die Welt und manchmal sind die Rahmenbedingungen dieser Welt nicht die besten. Das ist nun mal eine bekannte Tatsache. Grund genug, die Ärmel hochzukrempeln und loszulegen.

Sich selbst zu akzeptieren, diese Fähigkeit wurde uns vom großen Schöpfer ebenfalls in die Wiege gelegt und fällt uns doch im Laufe unseres Lebens oft so schwer. So müssen wir oft erst wieder lernen, uns mit unsern „Eigenheiten" wieder anzunehmen, freunden wir uns wieder mit ihnen an, dann werden wir von unseren Mitmenschen als authentisch angesehen. Dr. Claudia Crosse-Müller, Neurologin, „Wer sich so zeigt, wie er wirklich ist, voll echter Liebe für sich selbst und Anerkennung der eigenen Person, wirkt auf sein Gegenüber real, präsent und sympathisch". Das genau ist Selbstliebe und gilt es zu lernen und wenn es nötig sein sollte, die Negativbilder aus früheren Zeiten neu zu malen und damit zu übermalen. Denn nach Steve de Shazer ist es „Nie zu spät, eine schöne Kindheit gehabt zu haben". Also: die Mythen der Kindheit gelegentlich neu erfinden oder umschreiben.

Einen wunderbaren Artikel über dieses Thema der Selbsterfindung und der Blume fand ich in einem Artikel der Zeit aus dem Jahresbeginn 2006. Er trägt den sinnigen Titel „Was ist ergreifender als eine Blume?" und darin steht „Befreien wir die Blume, um uns zu befreien" – diese Idee, der Versuch schon bringt frischen Wind ins Denken, ins Schreiben.allgemein, über Klatschmohn, über Tulpen, auch über größere

Pflanzen, etwa über den Eukalyptus, als Gedicht gesetzt (in solchen Texten scheint alles Gedicht werden zu wollen):
Kann brechen, doch auch aufrecht stehen;
Ganz nach Belieben;
Schlafen im Stehen; sein Leben verschlafen, leben seinen Tod.
Ohne Retouche, wächst ins Blaue, edel, vornehmes Aussehen;
Von edler Gestalt, aber leicht indifferent, vor allem seinem eigenen Schicksal gegenüber; kümmert sich nicht drum; ge- kämmt vom Windstoß;
Trocken und klingt;
Trägt seit Ewigkeiten Blatt und Frucht;
Seit langer Zeit vollkommen.

(Francis Ponge)"

Was für eine wunderbare Beschreibung eines Zustandes, eines Seins. Dies geht weit über unsere Kunst der Selbst- erfindung hinaus. Hier wird jemand getragen, getragen von anderen Kräften über die „nachzudenken" uns sich verbie- ten. Das Denken ist dieser Erfahrung zu klein. Hier haben wir es wieder mit dem Rilke Begriff des „Schwebens" zu tun. Denn, alles will schweben , da gehen wir daher wie Beschweren, sagt er, und hat Recht. Das Denken verhindert das Hingegebensein. Lassen wir das Denken los und gehen in einen schwebenden Zustand.

Rolf Vollmann, Autor der „Zeit" schreibt in seinem Arti- kel „Immer ist bei Ponge das Schreiben über die stummen Dinge auch ein Schreiben darüber, wie man das Stumme zu Wort kommen lassen kann. Vielleicht, bei unbefangenem wörtervergessenem Blick, sähe man die Blumen zu Beispiel selbst schon als ihre eigenen, nur eben andersartigen ver- schlungenen Schriftzüge und fände danach Worte dafür."

Auch beim Selbstentwicklungs-Prozess geht es um unser Stummes, das was in uns steckt und noch nicht gewagt hat ins Leben zu kommen, zu springen. Aber alles beginnt mit der Wahrnehmung, sie ist das größte Geschenk und läßt uns über uns hinauswachsen.

Wenn wir lernen unsere Wahrnehmungen ernst zu neh-men; wächst automatisch unser Selbstvertrauen.

9. Was machen Sie daraus: aus Ihren Gaben?

Die Frage, was machen Sie daraus? bezieht sich darauf, was Sie mit den Ihnen von einem göttlichen Schöpfer in die Wiege gelegten Begabungen und Fähigkeiten so anzufangen wissen? Gehen wir sorgfältig damit um, behandeln wir sie pfleglich? Keine leichte Frage, keine leichte Aufgabe. Wir beherrschen alle die Kunst uns immer wieder selbst zu erfinden, aber oft wissen wir das gar nicht mal. Es gibt für diese Fähigkeit sogar einen wissenschaftlichen Ausdruck, er heißt „Autopoiese". Besondere wissenschaftliche Erkenntnisse hierüber kann man nachlesen bei den weltbekannten Biologen Varela und Maturana.

Bei der Kunst der Selbsterfindung handelt es sich also nicht um eine Erfindung der Neuzeit ohne Hintergrund. Sie ist so alt wie die Biologie oder die Menschheit selbst. Neuschöpfung geschieht aus dem Geist, ist aber durchaus oft zurückzuführen auf körperliche Bedürfnisse und Notwendigkeiten. Gute Körpergefühle, mehr und mehr genossen, können dazu beitragen, das wir von dem Wunsch beflügelt werden uns neu zu erschaffen. Deshalb sind ja auch die Erkenntnisse moderner Neuroforschung so umwerfend wichtig, weil sie uns helfen diese guten Gefühle wiederholt und verstärkend zu suchen. Gleichzeitig ungute körperliche Gefühle zu erkennen und aufzulösen, also nicht zu wiederholen. Wer kennt das nicht, das unser ganzer Körper „schreit" NEIN !, NEIN ! und wir hören nicht, sondern treffen diesen Menschen, der uns gar nichts gibt, immer wieder nur, weil wir irgendeinem Ideal folgen, welches da heißt: mal soll nicht allein sein. Aber möglicherweise fühlte unser Körper sich im Kontakt mit uns selbst, wenn wir uns Zuwendung geben, besser und produzierte mehr Glücksgefühle, als in diesem Duo, innerhalb dessen es uns gar nicht gut geht.

Zeit meines Lebens hat es mich viel Leid gekostet, Etikettierungen und Stigmatisierungen auszuhalten die mir zugeschoben wurden. Eine davon ist die Bemerkung, die Frau für den „zweiten Blick" zu sein. Aber, ist es nicht auch sehr sehr anstrengend, wenn man immer die Frau für den ersten Blick ist? Und vor allem, der 1. Blick ist immer der des anderen, das heißt auch die Projektion des anderen. Der 2.Blick, ja das bin ich dann vielleicht schon selber. In allen Ratgeberbüchern zur Bewerbung geht es immer darum, wie der andere mich sieht, es geht also radikal um eine Anpassung an die Wünsche und Bedürfnisse des anderen. Nun, wenn ich mir das bewußt mache, dann kann ich mich dafür entscheiden, mich so radikal anzupassen. Vielleicht muß ich das ja nicht mein ganzes Leben tun.

Vielleicht aber geht ein Gespräch auch daneben, weil ich einfach nicht so angepaßt sein will?

Etwas „daraus" zu machen kann zu einer Aufgabe werden. Ein bedeutsames Moment hierbei ist auch das ein Vertrauen wächst, ein Vertrauen in die mir von der Natur zu Verfügung gestellten Gaben, das macht mich stark. Ohne Vertrauen in sich selbst ist alles nichts.

Wunderbar finde ich die Aussage des japanischen Architekten Tadao Ando, der sagt:

„Wenn man dir hilft, hast du schon verloren. Du mußt es alleine schaffen."

Das ist Kraft, das ist Vertrauen in die eigene Kraft.

Wenn wir, wie 2006 von einer Vogelseuche bedroht sind, so hat es solche Seuchen seit Menschengedenken immer schon gegeben, also stell ich mich dem, mit allen heute zur Verfügung stehenden Mittel. Die Natur fragt nicht, die Natur ist radikal. Wußten Sie, daß es Kulturen gibt, in denen junge Menschen, die heiraten wollen, ganz radikal Mutter und Vater verlassen müssen, um mit dem neuen Partner zu leben? Vielleicht fehlt uns diese Radikalität heute manchmal und „Hotel Mama" verhindert, in ungeahnter Weise, Entwicklung.

Wenn wir uns neu erfinden, brauchen wir eine Portion vom sanften radikalen Wandel.

10. Der erste Schritt ist nicht der letzte.

Lebensentwürfe gibt es viele und es gibt natürlich auch den typischen für die Frau, oder für den Mann.

Heute habe ich mit das Buch der Schweizer Autorin Wiederkehr zu Gemüte geführt. Ein Buch mit dem vielsagenden Titel „Wer losläßt hat die Hände frei". Nein, so dramatisch kommt die Realität der heute 50 jährigen Frauen mir nicht vor. Das Klimakterium, vergleichbar mit einer Allergie, geht einfach so vorüber und somit ist 50 die Mitte des Lebens und nicht „Absturz und Abstieg der Inanna in die Unterwelt". Alte Mythen sind das – wir brauchen aber neue Mythen- neue Mythen braucht das Land. Mythen sind spannend und sie sind wichtig für die Konstruktion und die Funktionsweise unseres Gehirns. Nur so macht der Mythos Sinn. Wenn wir einem Mythos folgen, der uns in die Irre führt, vergleichbar mit den Nullsummenspieler, welcher in den Werken von Watzlawick so oft zitiert wird, dann folgen wir einem Mythos der uns natürlich unglücklich macht. Deshalb ist es sinnvoll, danach zu fahnden, welchem Mythos ich folge, vielleicht mit der Konsequenz, daß ich mir einen neuen suche, einen der mich glücklich macht.

Ich höre „Vom Lipstick zum Laptop" und immer wieder geht es um die Entwicklung von Frauen. Dabei wird aber auch klar, wie weit wir Frauen schon gegangen sind. Was wir alles erreicht haben und wieviel Unterstützung wir dabei auch bekommen, und zwar von Seiten anderer Frauen als auch von Männern. Oder der Gesellschaft als ganze Gruppe.

Der Mythos von Adriane mit dem roten Faden. Auffallend: die Farbe rot gehört zur Frau. Dann darf es doch auch heißen Lipstick und Laptop. Ich wünsche mir die Integration von allem und bin bekennende Komplexitätsliebhaberin. Das Leben ist nicht simpel, es ist komplex. Adriane führt uns aus dem Labyrinth. Sie schafft uns neue Chancen und damit neue Weltsichten. Und der Sichtweisen von der Welt sollten wir viele haben, nicht nur eine.

Die Frauenfiguren der Antike sind oft sehr selbstverständlich und machen oft was ihnen in den Sinn kommt, aber damit bringen sie den Prozeß zum rollen. Die Herangehensweisen der meisten Frauen von heute ist oft von problematisierenden Einstellungen regelrecht gehemmt.

Da hilft nur eines: Frau muß sich selbst gedanklich befreien und sich um diese Befreiung auch bemühen, indem sie sich den Hindernissen stellt.

Der Umgang mit Hindernissen ist ja genial beschrieben in den Arbeitsweisen von Insa Sparrer und Matthias Varga von Kibed. Nachzulesen im Lehrbuch „Ganz im Gegenteil".

In meinen bisherigen Ausbildungen ging es oft darum Problemfokussiert an die Dinge heranzugehen anstatt unbefangen. Allein diese Vorgehensweise hat etwas befreiendes: Unbefangenes.

Barrierefreies Denken aber ist unausweichlich, wenn wir neue erste Schritte wagen. Besonders Frauen die von Natur aus eine fürsorgliche Vorgehensweise haben, neigen dazu sich in Problemen zu erschöpfen, sie sollten konsequent lernen lösungsorientiert vorzugehen. „Es gibt keine Probleme, es gibt nur Lösungen" flöten fröhlich die Systemiker, schließen wir uns ihnen an.

Vom „Sichten der Schwachstellen zum Finden eines eigenen Marketings" heißt es bei „Vom Lipstick zum Laptop". Genau, darauf kommt es an und manchmal muß man ein paar Mal in die Knie gehen, bevor es so weit ist. Was solls? Das Hervorheben der Schwachstellen kommt von den Frauen selbst. Es geht darum, hellhäutig zu werden wenn wir ins Jammertal abgleiten. Dann schaltet man besser mentale Hilfen ein: Atmen, Endorphinschübe, gute Gefühle, nicht denken. Selbstvertrauen kommt über die guten Körpergefühle.

11. Neues wagen

„Man muß etwas tun was einem Freude macht"

Jacklyn Kennedy

Frontalangriffe auf die eigene Person – daran sind die meisten Frauen gewöhnt.

Es ist daher wichtig aus einer Defensivhaltung herauszukommen. Führungsfähigkeit zeichnet sich ja vor allem dadurch aus, das man sich selbst , ja vor allem sich selbst, gut führt. Also leiten wir den Fokus in eine Richtung, in der es etwas zu entdecken gibt, auf das Neue und nicht auf das Alte und eventuell die Resignation.

Liefern wir Qualität und Exzellenz in allem was wir tun. Dabei geht es nicht um Perfektion.

An diesem Tag, so nehme ich mir vor, leiste ich das exzellenteste was mir möglich ist.

In der „Zeit" vom 27. April 2006 las ich einen Bericht über Ayfer (ja der Name bedeutet tatsächlich Eifer) und über ihre Lebensgeschichte. Ein türkisches Mädchen ,dem nach der Schule eine Karriere als Putzmädchen „blüht", welches sich beim Putzen der Toiletten eines Gymnasiums übergeben muß und innerlich eine Entscheidung trifft. Eine Entscheidung für sich selbst. Und sie macht sich auf den Weg, wird Friseurin, fällt durch ihren Eifer auf. Zuerst mal kann sie gar nicht viel, aber sie überzeugt durch ihr „dranbleiben" und sie schneidet, schneidet, schneidet. Ayfer ist eine moderne Ariadne mit dem roten Faden: sie bleibt dran, und das verändert alles. Heute hat sie mehr erreicht als viele Schüler des zu putzenden Gymnasiums, sie hat ein eigenes gut gehendes Geschäft geschaffen. Für sich selbst, aber gewiß nicht nur für sich selbst, sie wird den Frauen ihrer Gemeinschaft Vorbild sein. Aber nicht nur diesen Frauen. Sie ist mir zu einem Vorbild geworden. An Fleiß mangelt es mir nicht, jedoch überwältigt mich hin und wieder ein Gefühl der Resignation. Weil es mir bisher an unterstützender Gemeinschaft fehlte, habe ich mich auf den Weg gemacht. Woche für Woche treffe ich neue Menschen und darunter finden sich unterstützende Personen.

Unterstützend deshalb, weil ich sie nach diesen Kriterien aktiv auswähle.

Einem solchen Erfolg geht eine innere Entschiedenheit vor. „Glück folgt der Entschiedenheit" heißt es bei Reinhard K.Sprenger auf der CD „Die Entscheidung liegt bei Dir!", eine der wenigen CDs die mich echt begeistert hat. Hier gibt es auch ein Kapitel über das „Ende der Opferstories", oh ja, ich gebe zu ich habe mich persönlich davon ansprechen lassen, jedoch eine Konsequenz daraus gezogen. Bei mir gibt es jetzt keine Schuldzuweisungen mehr. Tatsächlich fühle ich mich für alles selbst verantwortlich.

Das hat meinen Gefühlshaushalt sehr entlastet.

Nochmals zurückkehrend zur Geschichte von Ayfer, die mit 12 Jahren aus der Türkei nach Deutschland kam, kann ich mir gut vorstellen das sie schmerzhafte Erfahrungen mit ihrer Umwelt machen mußte. Wie hat sie die weggesteckt? Irgend etwas hat sie an die eigene Kraft glauben lassen. Und so etwas das fasziniert mich. Warum haben das die einen und die anderen haben das nicht? Wird einem das in die Wiege gelegt? Oder entwickelt es sich, wenn einem geradezu gar nichts geschenkt wird? Dann, ja dann wäre ja die Tatsache, das man unter härtesten Bedingungen aufwächst etwas was einen stark macht fürs Leben. Und ich persönlich glaube, darin steckt eine Menge Wahrheit.

Mir fällt an dieser Stelle wieder der erschütternde Film von den „Schwabenkindern" ein. Jenen Kinder, die noch zu Beginn des vergangenen Jahrhunderts auf einem Sklavenmarkt am Bodensee verkauft wurden. An Bauernhöfe auf denen es ihnen oft nicht gut ging, gelinde ausgedrückt. Der Film ist ja authentisch von einem Betroffenen verfilmt.

Eines ist sicher, wenn wir den ersten Schritt nicht wagen, dann überlassen wir uns der Hausmarke „Hoffnung", wie es bei Sprenger heißt. Wir überlassen uns dem Schicksal und bleiben inaktiv.

12. Altes absetzen.

Wenn wir im Verkauf tätig sind, dann setzen wir Ware ab. Wir sind Vertriebler und die sind in der Regel fleißig und auch nicht so schnell zu entmutigen. Sie, die Mitarbeiter im Vertrieb, zeichnen sich durch ein überdurchschnittliches Durchhaltevermögen aus. Wären sie das nicht, könnten sie sich nicht lange in dieses Branche halten. Ein Wirtschaftszweig der hierzulande häufig kein allzugutes Ansehen genießt. Aber das ist eine andere, und auch eine typisch deutsche Geschichte.

Aber wir, als Privatpersonen, wie gehen wir mit dem „Absetzen" in unserem persönlichen Leben um? Könnte es sein, das wir es einfach versäumt haben zu erkennen, wie wichtig es ist, etwas loszulassen, was überholt ist? Können wir über überhaupt etwas loslassen und als Gewinn verbuchen? Der zwanghafte Mensch kann das überhaupt nicht, denn bei ihm hat alles endlich zu sein. An diesem Nullsummenspiel hält er fest, komme, was da wolle. Dieses Haus will ich bewohnen bis an mein Lebensende, komme was da wolle. Dieser Partner, der mal „Ja" gesagt hat muß bei mir bleiben , bis ans Ende aller Tage. Diese Freundschaft halte ich fest, auch wenn sie mir schon gar nichts mehr gibt, ja sogar wenn ich Aggressionen gegen die Person empfinde, sie muß bleiben! Unter diesen Gesichtspunkten hat es die depressiv strukturierte Person ja schon geradezu wieder leicht. Bei ihr ist das Leben wechselhaft, man darf gehen, man darf sich fallen lassen, krank sein und vieles mehr. Fatal, das sich oft zwanghafte und depressiv strukturierte Personen aneinander binden. Beim Vertriebler bedeutet etwas absetzen einen Gewinn, über den er sich freuen kann. Wenn wir uns diese Sichtweise angewöhnen könnten, wären wir an diesem Punkt ein bißchen weiter. Ich habe eine alte Wohnung „abgesetzt" und eine neue mit Sicht gewonnen. Ich freue mich, das ich mich die Mühe des Auszugs gemacht habe. Auch deshalb, weil ich an diesem Punkt schon oft falsche Entscheidungen getroffen habe, mich auch schlecht habe beraten lassen. Hier habe ich gelernt an mich zu glauben: „Wenn du dir helfen läßt, hast du schon verloren. Du mußt es alleine schaffen" Auch bei anderen Fragestellung höre ich auf mich selbst und das habe ich inzwischen gelernt: Niemand kennt mich besser als ich selbst!

Als Entdeckerin neuer Bücher und damit ja auch neuer Kontinente, freue ich mich das Buch eines Berliner Psychoanalytikers: Hans-Werner Rückert „Entdecke das Glück des Handelns" und ich kann nur sagen, zum Thema Loslassen ist es hervorragend geeignet. Es ist sehr differenziert und geht auf komplexe Situationen einzelner Menschen ein. Handlungsstörungen begegnet es mit spezifischen Übungen. „Überwinden was das Leben blockiert" lautet der Untertitel.

Blockaden sind Verhaltensweisen ‚bei denen wir festhalten, anstatt Neues zu wagen und Altes „abzusetzen". Genau das aber ist notwendig, um ins „Reich der Selbstbestimmung" überzuwechseln. Denn es geht darum ‚sich auf den Pfad der Selbstbestimmung zu begeben.
Der Pfad der Selbstbestimmung macht uns oft Angst. Diese gilt es zu überwinden.

H.W. Rückert prägt ein schönes Bild in unser Bewußtsein ein: Entschlossen was zuvor verschlossen war.

13. „…Ich gebe dir die Ehre …"

Bei diesem Thema geht es um die Wertschätzung die wir anderen entgegenbringen. Etwas; was in unserem Leistungsalltag so oft auf der Strecke bleibt. Darin sehe ich jedoch auch verstärkt ein gesellschaftliches Problem. Wir haben heute die Situation, das alles; was nicht perfekt funktioniert Gefahr läuft „Aussortiert" zu werden. Aber, zu diesen Randgruppen gehören auch diejenigen ganz schnell, die vorher auch begeisterte „Ausgrenzer" waren.

Götz Werner, der Geschäftsführer eines großen deutschen Drogeriemarktes bringt es auf den Punkt, wenn er davon spricht, das die Gruppe der Personen die von Sozialhilfe leben muß, sich in einer Situation des „offenen Strafvollzugs" befindet. Denn: an dieser Gruppe beißt sich täglich jede politische Gruppierung fest. Diese Gruppe soll kollektiv bestraft werden, denn sie funktioniert nicht so wie es sein sollte. Sie arbeiten nicht. Ob verschuldet oder unverschuldet; das spielt hier keine Rolle es soll nicht sein. Was nicht sein soll; das muß bestraft werden. Basta!

„Ich gebe dir die Ehre", wenn wir einen solchen Satz formulieren; dann wirkt das eher ein bißchen altmodisch, so als komme er aus einer anderen Zeit. Und irgendwie stimmt das ja auch, denn dann meinen wir am ehesten etwas; oder jemand; mit einer speziellen Bedeutung für uns.

„Ich gebe dir die Ehre" ist ein Ritual und in unvergleichlicher Weise; und vielfältig; von Rilke praktiziert. In seinen Versen und Gedichten spielen immer die Ahnen eine große Rolle; oder auch die „Frühentrückten"; wie er sie nennt und die meistens die zu früh gegangen sind. Einzigartig nachzuempfinden in „Der Tod der Geliebten"

Der Tod der Geliebten
Er wußte nur vom Tod, was alle wissen:
Dass er uns nimmt und in das Stumme stößt.
Als aber sie, nicht von ihm fortgerissen,
nein, leis aus seinen Augen ausgelöst,

hinüberglitt zu unbekannten Schatten,
und als er fühlte, dass sie drüben nun
wie einen Mond ihr Mädchenlächeln hatten
und ihre Weise wohl zu tun,

da wurden ihm die Toten so bekannt,
als wäre er durch sie mit einem jeden
ganz nah verwandt; er ließ die andern reden

und glaubte nicht und nannte jenes Land
das gut gelegene, das immersüße,
und tastete es ab für ihre Füße.

Selbst ein junger Mensch, der noch keinerlei Erfahrung mit dem Tod gewonnen hat, wird von den in der Tiefe berührenden Zeilen eine eigene Erfahrung machen. Sie haben eine den Menschen verändernde Wirkung.
Und sie sind – die Gedichte von Rilke – immer wieder auch radikal.

14. Arbeiten sie mal als Model.

Ja, stellen Sie sich mal vor die Kamera ihrer Freundin oder ihres Freundes und dann spielen sie , spielen was das Zeug hält. Lächeln Sie – Lächeln Sie – Lächeln Sie – Betrachten Sie das Ganze als Übung, um sich mal so richtig in die Selbst-liebe-Stimmung zu bringen.

Und lassen Sie sich dabei so richtig schön „anpowern". Ja toll!! Lächeln!! Sie merken dann ganz schnell, wie ihre Stim-mung steigt und wie innen drin Veränderung passiert.

Ja, sie haben einen Positionenwechsel in ihrem Inneren voll-zogen: So kann ich mich auch sehen, so kann ich die Welt auch sehen und wie viele Möglichkeiten des Schauens auf die Welt es doch eigentlich gibt. Irgendwie phantastisch.

Ich arbeite in meinen Gruppen gerne mit den sogenannten „Drehbuchaufstellungen", bei der die TeilnehmerInnen in bestimmte Positionen gehen, dann lasse ich die Szene „ein-frieren". Das bewirkt, durch das AHA-Erlebnis, eine innere Erfahrung für die Protagonisten.

Mit dem AHA-Erlebnis arbeite ich oft, mein Ansatz ist er-lebnisorientiert, was in vielen Bereichen auf die positiven Erfahrungen, die ich in Gruppen im Meditationszentrum Todtmoos- Rütte machen durfte, zurückzuführen ist. Be-sonders in Erinnerung sind mir die Mythenseminare, bei denen griechische Mythen erzählt wurden, und man sollte dann die Szene malen die einem am meisten imponiert hattte. Dabei gewann ich weitgehende innere Erkenntnisse. In der modernen Aufstellungsarbeit, ich beziehe mich hier insbesondere auf die Arbeitsweise von Insa Sparrer und Matthias Varga von Kibed, München, ist es ähnlich. Man „malt" ein Bild und: Ein Bild sagt mehr als tausend Worte.

Mehr als jede Gespächsebene beweist dies: unser Gehirn „denkt" in Bildern, nur diese führen dahin, das das Gehirn die notwendige Veränderungen seiner Strukturen vornimmt. Veränderungen auf die wir so notwendig angewiesen sind, denn wir benötigen sie für unsere weitere Evolution. Sonst gelingt uns kaum noch die Bewältigung der komplexen Rahmenbedingungen unserer Kultur. Beides gehört zusammen, die plastische Veränderung unseres Gehirns und die Veränderung der Person. Letztere ist ohne die Veränderung des Gehirns nicht möglich.

Diese Themen werden ja zum Teil sehr differenziert recherchiert in den Medien und klären uns in dem Rahmen auf, in dem dies heute überhaupt schon möglich ist. Denn die Neuroforschung gewinnt täglich neue Einsichten.

Wir können unser Gehirn verändern und beeinflussen bis ins hohe Alter hinein. Dies ist für unser Überleben höchst notwendig. Bedenken wir die zu erwartende demoskopische Veränderung, dann wird einem schlagartig klar, das es mit dem Renteneintritt nicht vorbei sein wird. Wir werden da nicht mehr eintreten, jedenfalls diejenigen nicht ‚die sich schon jetzt um Aufklärung bemühen. Denn es wird notwendig sein, das wir bis ins hohe Alter hinein arbeiten, um existieren zu können.

Nach wissenschaftlicher Erkenntnis wird es ca. 2300 keine 82 Millionen Deutsche mehr geben sondern nur noch 10 Millionen.

Klar, das werden wir nicht mehr erleben, aber die Vorläufer zu dieser Entwicklung, die spüren wir schon heute.

Im folgenden berufe ich mich auf einen hervorragenden Artikel aus der deutschen Spiegel-Ausgabe im Mai 2006. Von diesen neuen Erkenntnissen geht ja sehr viel faszinierendes aus.

Vergleichen wir mal unser Gehirn mal mit Werken der Architektur, dann bekommt folgender Ausspruch noch mal eine ganz andere Bedeutung:

Architektur
Ist ein spiritueller Raum
In dem sich die Existenz Gottes
Im Geiste und im Raum
Erahnen läßt.
Tadao Ando

Japanischer Architekt (Autodidakt)

Im Spiegelartikel „Hirn, kuriere dich selbst!" berichtet der Hirnforscher Macklis über seine Arbeit mit Mäusen. Sie werden mit neuen Düften konfrontiert und siehe da, schon bilden sich aktive Nervenzellen, die schon noch kurzer Zeit integriert sind in die Schaltkreise des Gehirns. „Sie entwickeln lange Fortsätze und knüpfen eifrig Verbindungen (Synapsen) zu anderen Neuronen, in der zukünftigen Entwicklung werden sie nicht alte Aufgaben übernehmen, sondern neue Aufgaben lösen. Also für etwas zuständig sein , eine Fähigkeit, die die Maus bisher noch nicht hatte, die sie ganz neu entwickelt und in ihr Verhaltensrepertoire aufgenommen hat. Eine evolutionäre Weiterentwicklung."

Natürlich sind wir Menschen keine Mäuse. Aber anregen lassen können wir uns von solchen Erkenntnissen auf jeden Fall. Wir brauchen neue Fähigkeiten für unser Überleben.

Bei uns geht es um das Training des Gehirns über Bewegung, Lesen, Sprachen lernen, Bilder malen, Gegenstände formen mit Ton, Körperintelligenz formen mit Tanzen u.a. Von besonderer Bedeutung ist natürlich die Ausformung der sozialen Kompetenzen. Gehen wir neue Wege um neue Menschen kennen zu lernen, das ist gut für unser Gehirn.

Um zum Ausgangsthema zurückzukomen. Wenn wir über Fotos lernen, uns selbst zu lieben, vergrößert sich unsere Liebesfähigkeit für andere Menschen.

Mit älteren Menschen arbeitet der New Yorker Psychologe Goldberg, er spricht die verschiedenen kognitiven Funktionen an: das Erinnern von Wörtern, die geistige Beweglichkeit, das räumliche Denken. Bei bis zu 60 Prozent der Teilnehmer über 60 zeigen sich nach 3 Monaten deutliche Verbesserung der bis dato eingeschränkten Funktionen.

Das, so finde ich, spornt an. Es verdeutlicht, wie wichtig und bedeutsam alle diese Übungen sind die wir, früh genug über ihre Bedeutsamkeit aufgeklärt, in unseren täglichen Alltag mühelos selber einbauen können. Wir brauchen dafür keinen Psychologen, wir benötigen nur die für uns so relevanten Informationen. Für deren Einholen wir selbst die Verantwortung übernehmen. Die Entscheidung liegt bei uns.

Der Balkon   Rainer Maria Rilke

Von der Enge, oben, des Balkons
Angeordnet wie von einem Maler
Und gebunden wie zu einem Strauß
Alternde Gesichter und overaler,
klar im Abend, sehn sie idealer,
rührender und wie für immer aus.

Dies aneinander angelehnten Schwester die,
als ob sie sich von weit
Ohne Aussicht nacheinander sehnten,
lehnen, Einsamkeit an Einsamkeit;

und der Bruder mit dem feierlichen
Schweigen, zugeschlossen, voll Geschick,
doch von einem sanften Augenblick
mit der Mutter unbemerkt verglichen;

und dazwischen, abgelebt und länglich,
längst mit keinem mehr verwandt,
einer Greisin Maske, unzugänglich,
wie im Fallen von der einen Hand

aufgehalten, während eine zweite
welkere, als ob sie weitergleite,
unten vor den Kleidern hängt zur Seite

von dem Kinderangesicht,
das das Letzte ist, versucht, verblichen,
von den Stäben wieder durchgestrichen
wie noch unbestimmbar, wie noch nicht.

Mir stellt sich die Frage, ob Altsein immer so sein muß, wie
es uns oft dargestellt. Ist, oder ober die anregende Umgebung auch hier Veränderung bereitstellen kann?
Eine auf soziale Kommunikation abgestimmt Umwelt, ein
Umfeld in dem noch Begegnung stattfindet, Integration. Ich
fange heute an, die Verantwortung dafür zu übernehmen.

15. Welches Märchenmotiv ist das Ihre?

Ja, das wohl bekannteste Märchenmotiv ist das Aschen-puttel, oder auch Cinderella genannte Märchen. Es ist in so ziemlich allen Kulturen der Welt beheimatet.

„Immer wieder gegen sich selbst antreten, wenn man gute Arbeit machen will."

Tadao Ando
Japanischer Architekt, Autodidakt

Beim Aschenputtel geht es um das Selbst, oder besser gesagt, um die prozesshafte Entfaltung dieses Selbst.

Das Märchenmotiv befaßt sich damit, welchen Muster man folgt. Man folgt dann einem Motiv welches das eigene ist und schafft sich im Verlauf seines Lebens häufig eine Umgebung, in der diese Dramaturgie immer wieder zu beobachten ist. Wenn man genau hinschaute. So etwas kann sich jahrelang halten und den Umgang mit anderen Menschen ganz wesentlich beeinflussen.

Fasziniert die einen der Eiserne Heinrich oder doch eher Hans im Glück, so kann man von der Ausgangslage eine bestimmte Gefühlslage erkennen. Der Hans im Glück ist der Sanguiniker der die Dinge leicht angeht. Der eiserne Heinrich erinnert eher an die zwanghafte Persönlichkeit, wenn wir ein wenig spekulativ vorgehen. Wie ist es mit den beiden Schwestern im Märchen „Frau Holle"? Identifiziert man sich mit der Haltung einer von beiden, oder sogar mit beiden?

Das Cinderella-Motiv finden wir in so gut wie allen Kulturen wieder, weil es ein zentrales menschliches Entwicklungsthema in sich trägt. Es gibt auch zahlreich sich unterscheidende Interpretationen, viele davon sind hochinteressant. Ingrid Riedel, die schweizerische Jungianische Therapeutin hat meines Erachtens sehr interessante Interpretationen vorgelegt.

In seiner Radikalität immer wieder spannend ist Eugen Drewermann.

Das herausragende Merkmal bei Cinderella ist die Ganzheit der Person. Damit meine ich das Weibliche und das Männliche in uns, intrapsychisch betrachtet. Am Ende des Märchens haben diese beiden Seiten sich gefunden und es beginnt etwas ganz neues.

Alle Wege führen dahin, es gibt keine andere Verständnisebene.

Wenn wir uns mit unserem Märchenmotiv befassen, dann kann das eine wunderbare Reise zu uns selber sein. Wollen wir uns immer wieder von garstigen Stiefschwestern oder Stiefmüttern erniedrigen lassen, oder tatsächlich selber aktiv werden? In dem Moment, in dem wir in Passivität verharren erscheint uns alles was andere tun als „garstig": Das kann aber insbesondere dann sehr kränkend sein, wenn uns aufgrund fehlender Reife die Fähigkeit zu agieren ganz einfach noch fehlt.

Das Kind wird im Keller gehalten, es bleibt kindlich. Dem Kind ist es ja auch noch gar nicht so bedeutsam, ob sein Kleid grau und häßlich ist. Sein Tun ist entsprechend seiner Umgebung reizarm, ist trostlos. Monotonie ist angesagt. Und dann kommt Bewegung in dieses Bild und das Kind in uns kommt in Bewegung, es re-agiert, nimmt Kontakt auf mit der spirituellen Größe eines einmal erfahrenen Urvertrauens, es wendete sich an lange verstorbene Mutter.

Spirituelle Verbundenheit wird belohnt, der Kosmos be-
schenkt uns, wenn wir mit ihm korrespondieren.

Diese Art von Geschenken verleihen uns ganz besondere
Ausstrahlung, ein besonderer Zauber geht da von uns aus.

Andere fühlen sich angezogen und das setzt Entwicklung in
Gang. Die Dinge bewegen sich atemberaubend. Weil wir den
Umgang mit Zauber noch nicht gewohnt sind, laufen wir vor
den Ereignissen oft noch weg. Alles braucht seine Zeit. Aber so
manche Entwicklung einer Person grenzt ja an ein Wunder und
Wunder , das wissen wir jetzt über Insa Sparrer und M.Varga
von Kibed, gibt es in der Art und Weise wie sie erreichbar sind.
Wunder, Lösung und System heißt das Zauberwerk.

Im o.g. Prozeß entziehen wir uns, stehen wir eine Zeit lang
alleine da, bis uns , oh Wunder, plötzlich verloren geglaubte,
Hände und Arme wieder wachsen und uns handlungsfähig
machen. Ja, wenn man eigene Handlungsstörungen einmal
so betrachten möchte, ja dann bekommt man gleich ein
anderes Verhältnis zur Zeit: Alles hat seine Zeit, deshalb ist
es auch am besten man entspannt sich, wenn man gerade
nicht arbeiten kann (!)

Erforschen Sie ihr Märchenmotiv und interpretieren Sie
selbst. Niemand kann das so gut wie sie; wenn sie mit viel
Gefühl und mit Bezogenheit auf ihre Sinne an diese Arbeit
herangehen.

16. Es geht um die Sinne.

Unsere Sinne sind ganz eng mit dem Gehirn verbunden, so erleben wir täglich ein neues Abenteuer an Erkenntnissen, denn die Neuroforschung entdeckt täglich neurologische Neuigkeiten! So kann es kommen das schon das, was uns heute noch als Gewißheit über menschliche Entwicklungs-möglichkeit in Erinnerung ist, schon morgen durch neue Er-kenntnisse außer Kraft gesetzt wird. So geht es uns als Laien auch nicht anders, als jenen Nobelpreisträgern, die felsenfest von ihren Erkenntnissen überzeugt, diese als unumstößliche Wahrheiten in den Büchern des Wissens festgeschrieben hatten, inzwischen revidieren mußten.

Unsere Sinnesorgane können uns einen Weg weisen, wenn wir lernen auf sie zu hören sie können uns weiterbringen und zwar dann, wenn wir unsere Sinneskanäle nicht nur zuschütten, mit Müll, so wie wir das so schnell in den Indus-trieländern tun. Entscheiden wir uns für das Entmüllen. Es kann dadurch ein ganz anderes Leben eingeleitet werden.

Überhaupt, sich für die eigenen Sinne mehr zu engagieren, kann zu einer wesentlich verbesserten Beziehung zum ei-genen Körper führen und damit zu einem längeren Leben. Als aufgeklärte Persönlichkeit des Wissenszeitalters, kann man im Grunde genommen nicht anders als sich über das Thema Ernährung, was kommt in meinen Stoffwechselkreis-lauf hinein? Gedanken zu machen. Solche Gedanken können Leben retten.

Bei allen Taten, die etwas initiieren und schaffen, gibt es eine grundlegende Wahrheit, die, wenn man nicht um sie weiß, zahllose Ideen tötet und herrliche Pläne: daß in dem

Augenblick, in dem man sich wirklich zu etwas verpflichtet, auch die Vorsehung in Bewegung gerät.

Und alle mögliche Dinge geschehen die uns helfen, die andernfalls nie eingetreten wären.

Ein ganzer Strom von Ereignissen entspringt aus dem Entschluß, die zu unseren Gunsten alle Arten unvorhergesehener Ereignisse, Begegnungen und materielle Hilfen hervorbringt, von denen wir uns nie zu träumen gewagt hätten, daß sie unseres Weges kämen."

W.N. Murray

Der Wege sich für die Sinne zu entscheiden gibt es viele. So gut wie in jedem Stadtteil gibt es ein Yogastudio, es gibt inzwischen viele Thai-Chi-Gruppen in allen Städten, wir können an Laufgruppen teilnehmen. Es gibt Körperpsychotherapien ,die zum Teil von den gesetzlichen Krankenkassen bezuschußt werden, denn viele Leiden an den Sinnesorganen haben eine seelische Komponente. Wir entscheiden uns für uns selbst , für unser Leben.

17. Fünf Sinne, oder viel viel mehr?

Wenn wir uns mit den Sinnen beschäftigen; dann lernen wir schnell, das die einzelnen Sinnesorgane eine Menge an Aufgaben zu erledigen haben. Eine meiner liebsten Freizeitbeschäftigungen ist das erschnuppern neuer Düfte. Sobald ich davon höre, das es einen neuen Duft gibt, muß ich ihn über die Nase kosten. Ich versuche dann seine Ingredenzien herauszufinden. Zimt krieg ich schon ganz gut herausgeschnuppert, auch Veilchen, neuerdings auch die Wasserlilie, die Rose. Aber es könnten tatsächlich schon mehr Düfte sein. Salbei zum Beispiel hätte ich gerne in Parfüms und Duftwassern.

Eine neue Liebe beginnt mit einem neuen Duft und das stammt nun nicht von mir, sondern das ist Wissenschaft!

Lange Zeit galten salzig, süß, sauer und bitter als die einzigen Geschmachsrichtungen, welche die Zunge des Menschen wahrnehmen konnte. 1908 entdeckte der japanische Forscher Kikunae Ikeda die Rezeptoren für „umami", die herzhaft-fleischige Note. Jetzt fanden an der französichen Universität Dijon Wissenschaftler im Glykoprotein CD 36, einen sechsten Sinn. Dieser soll unserr Geschmacksempfinden für fettige Speisen steuern.

Wir können daran auch erkennen, dass die Erforschung der Sinne noch lange kein abgeschlossenes Thema ist.

Umstritten, auch immer wieder Sheldrake, welcher sich mit den telepathischen Sinnen des Menschen (intensiv auch der Tiere) befaßt. Telepathie ist meines Erachtens eine natürliche Begabung des Menschen. Eine der (noch) tabuisierten Begabungen.

Nichts desto trotz, nimmt das Interesse vieler Menschen an diesem Thema zu. Es ist natürlich auch sehr interessan,t Beobachtungen anzustellen über das Verhalten der Tiere, vielen Menschen fällt es naturgegeben leichter, eine telepathische Verhaltensweise ihres Haustieres zuzugeben, als eine solche auch in ihrem eigenen Familienclan festzustellen. Wie dem auch sei, vieles aus der Psychologie ist ja aus dem Reich der Biologie zu uns rübergeschwappt und hat sich dort etabliert. Bemerkenswert und vielfach beschrieben in der Systemischen Psychologie, die sich ja immer wieder auf Beobachtungen lebender Organismen und deren Fähigkeit zur Selbstregulierung, nichts anderes ist Autopoiese, bezieht.

Lebende Organismen strukturieren sich neu, sobald eine Veränderung ihres Systems sie dazu zwingt. Eine ganze einfach und schlüssige Sache ist das. Wir Menschen, die wir auch lebende Systeme sind, machen das natürlich genauso.

„Soziale Felder unterliegen der natürliche Auslese, da erfolgreiche Muster der sozialen Organisation eher überleben, und ihre Morphischen Felder, werden Wiederholung verstärkt."

Rupert Sheldrake

Unter morphischen Feldern versteht Sheldrake eine Art Kraftfeld, welches zum Beispiel auch von einer Person ausgehen kann, die zu einem Familiensystem gehört. Dieses Familienmitglied kann demnach Einfluß auf andere Mitglieder ausüben und zwar auch dann, wenn es entfernt von diesem Familiensystem lebt. Ein nachgeborenes Systemmitglied kann beispielsweise bestimmten Neigungen und

Eigenschaften dieses Verwandten „folgen". Es bestätigt dann durch sein Verhalten diese Person. Und natürlich kann dies in einer guten, als auch in einer weniger guten Weise geschehen. Auf alle Fälle erweitert es das Bewußtsein, sich mit solchen Phänomenen zu befassen. Konkret bedeutet es für uns, das jemand der vielleicht ausgewandert ist nach Japan, uns vielleicht dahingehend beeinflußt ihm zu folgen.

Rupert Sheldrake nennt seine Forschungen „Der siebte Sinn des Menschen" und wir brauchen nicht allzuviel Phantasie um uns vorzustellen, das dieser Sinn nicht der letzte sein wird, der im Interesse der Menschen noch entdeckt wird. Erkennbar ist die Zunahme der Beschäftigung mit den Erfahrungen, die den Menschen in seiner Evolution weiterbringen und damit die Qualität unseres Lebens erhöhen.

Faszinierend die Beschreibung des Verhaltens von Tieren, wenn sie von anderen, jagenden Tieren oder aber von Jägern angeschaut werden. Tiere reagieren auf diese Situation instinktiv. Im Tierreich, aber sicher nicht nur dort, wird über das Auge Energie ausgesandt, es geht um das Jagen und das Gejagtwerden. Dieser Prozeß kann tödlich sein.

Sheldrake beschreibt sein eigens Interesse an diesem Prozeß in unnachahmlicher Weise und mit beeindruckender Reichweite, auch für die menschliche Entwicklung. Er glaubt, das ein Raubtier, welches ein Beutetier anschaut, mit ihm durch ein Feld verbunden wäre, das im Prinzip das Beutetier beeinflussen könnte zu einem bestimmten Verhalten. Flucht oder Erstarren, sogar dann, wenn es das Raubtier nichts sehe. Er schlägt immer wieder unmittelbar den Bogen zum Menschen und zu dessen optischer Wahrnehmung.

Wenn wir als Menschen etwas ansehen, verbinden uns Wahrnehmungsfelder mit dem, was wir sehen. Aus diesem Grunde meint Sheldrake, können wir Dinge und Menschen beeinflussen einfach nur dadurch, das wir sie sehen. Das das Sinnesorgan Auge in der Natur eine höchste Bedeutung hat, erkennen wir u.a. auch daran, das vielen Tierhäuten oder Federn Augen eingebaut sind, die offenbar dazu dienen sollen ,den angreifenden Räuber Angst und Schrecken einzujagen, ihn zur Flucht zu bewegen. Die Natur ist hier unglaublich phantasievoll vorgegangen. Fische tragen am Schwanzende rechts und links ein Auge und überlisten so den Angreifer, der diese Augen fixiert, indem sie in eine rasche Schwimmbewegung gehen. Schmetterlinge tragen Augen auf ihren Flügeln, Raubtiere habe ein mit Augen geflecktes Fell.

In Ländern deren Bevölkerung noch eine tiefe religiöse Verbundenheit lebt, ist die Bedeutsamkeit des Blicks ohne Einschränkung anerkannt. Von einem Heiligen in Indien angeschaut zu werden, kann aufgrund des hohen Energiepotentials des Blicks heilend wirken. Im Dashan blickt der Heilige, den ihn aufsuchenden an, und segnet ihn mit den Augen.

Im Gegensatz dazu steht die Energie des Neides, welcher „als Stich und Stoß" eines neidischen Auges am heftigsten verletzt, dann, wenn der Beneidete in Glanz und Größe erblickt wird, denn das schärft den Neid ganz besonders."

In Ägypten taucht das Auge immer und überall auf, auch auf den Gewändern.
In vielen Kulturen werden Augenamulette verwendet; um

den Menschen vor den Auswirkungen des bösen Blicks zu schützen. „Wenn Blicke töten könnten" ist ein bekanntes geflügeltes Wort. Solche Amulette fungieren wie eine Art „Blitzableiter."

Auch in der orthodoxen Kirche kennt man die Auswirkungen des bösen Blicks und Rituale um ihn abzulenken : Er wir dort für eine Projektion negativer Gedanken gehalten; die den Menschen nun einmal stark beeinflussen können. Das Verbrennen von Gewürznelken gilt hier als bekanntes Ritual. Aber sicher gilt das auch für andere Räucherungen.

Wir westliche gebildete Menschen haben zu diesen Ritualen häufig ein angespanntes Verhältnis, sicherlich wäre es gut und gesund Vorurteile abzubauen. Heilende Rituale haben gewiß eine Wirkung und können mit moderner Medizin problemlos kombiniert werden. Es handelt sich ja um eine Psychologie auf der Symbolebene und dafür sind die Menschen empfänglich: Ein Bild sagt mehr als tausend Worte!

18. Im Mohn ist schon alles drin.

Mohnblüten tauchen ja in vielen Gedichten und Versen auf und meisten transportieren sie ein Geheimnis. Die geheimnisvolle Mohnblüte, die den Menschen anzieht, so das er versucht etwas von ihrem Mythos zu erfahren und in Kontakt zu kommen. Was nicht ganz einfach ist denn die Mohnblume gehört zur Nacht, zur Dunkelheit, zu einem anderen Reich in welches wir nicht so ohne weiteres eindringen können, jedenfalls dann nicht; wenn uns das entsprechende Bewußtsein fehlt. Stimmt das denn mit dem Mohnsamen, der uns schläfrig macht und in eine andere Welt entführt? Auf jeden Fall aber entführt uns ein blühendes Mohnfeld ins Land der Phantasie und lädt zum träumen ein.

„Ich wünsche mir, das das Leben nicht billig, nicht schäbig, sondern heilig ist, ich wünsche mir das Tage Jahrhunderten gleich sind, duftend und reich beladen."

Ralph Waldo Emerson

Ja, der Anblick eines Mohnfeldes versetzt uns in Trance, ein Jenseitszustand ; wo „Tote essen vom Mohn"; wie es bei Rilke heißt, weil die Mohnblüte die Grenze zwischen Leben und Tod aufhebt. Weise nicht schon die kontrastierende Farbgebung Schwarz und Rot darauf hin?

Die Sternennacht

Es schließt der Tag die goldenen Lider,
und aus den klaren Fernen sacht
gießt mählich ihren Mohnsaft nieder
die mitleidvolle Sternennacht.

In Flur und Hain ist jedes Leben
Und jeder Ton verhallt, vergellt
Nur trostvertraute Träume schweben
Auf Silberflügeln durch die Welt.

Rainer Maria Rilke

In hypnotisch-suggestiven Ton vorgetragen; entführt uns der unverkennbare Rilke-Vers in eine andere Welt. Wir begreifen; das es noch eine andere Existenzform gibt: als die der von uns so sehr praktizierte realen Welt.

In den von Sheldrake beschriebenen morphogenetischen Feldern, unterscheidet er zwischen mentalen Feldern und morphogenetischen Feldern.
Die mentalen Felder sind diejenigen, die von unserem Geiste bewegt werden, die morphogenetischen Felder werden von biologischen und sozialen Systemen „bewegt".
Er beschreibt dies sehr anschaulich mit dem Beispiel des Phantomschmerzes den Menschen erleiden, die Gliedmaßen verloren haben, dieses Fehlende aber immer noch spüren.

In der Systemaufstellungs-Arbeit spannt man ein soziales Feld auf und Personen aus unserem System, die wir vielleicht nie gesehen haben, agieren über die Stellverteter im aufgestellten Feld.

Für alle diese Beobachtungen gibt es keine wissenschaftlichen Beweise, aber kippt unser wissenschaftliches Weltbild nicht gerade? Es gibt immer mehr Menschen, die auf ihre Gefühle mehr achten als auf wissenschaftliche Weisheiten. Seit knapp hundert Jahren hält sichdie wissenschaftliche Theorie oder „blüht" immer wieder auf, dass die Entwicklung von Pflanzen und Tieren nicht nur von den Genen organisiert wird, sondern ebenso von den morphogenetischen Feldern. Vorstellbar ist, das in etwa so, das diese Felder unsichtbare Blaupausen oder Pläne enthalten für die Entwicklung des Organismus. Vieles spricht dafür und für uns Menschen bedeutet es im Grunde jenen Blick über den Tellerrand, den wir so sehr fürchten, und schon haben wir wieder eine Erweiterung unseres Bewußtseins erfahren.

Für die Mohnblume spricht diese auffallende Verbindungslinie zwischen Leben und Tod, sie ist also eine Mittlerin zwischen den Welten. Da ist ja klar, das sie Geheimnisse trägt, denn vieles was ein Geheimnis ist und bleiben soll geschieht ja des Nachts, wenn die Nebel sich niederlassen in den Tälern und unser Auge nicht mehr sieht.

Die Entwicklung der Mohnblume wird vom Mohnfeld gestaltet und zwar von einem Mohnfeld das für uns unsichtbar ist. Es bezieht sich auf die Mohnfelder, die vorher da waren und mit dem jetzigen Mohnfeld noch immer kommunizieren. Das gilt für alle Systeme.

In der griechischen Mythologie wimmelt es nur so von Vatermord und Brudermord und so ist es kein Wunder, das sich ein solches Phänomen auch in einem Mohnvers wiederfindet:

Wer einst das einsame Haus erbaut,
ich konnte es nirgends erlauschen.
Auch die Wipfel wagen nicht, laut
Um sein Ragen zu rauschen.

Im Parke: Tot ist jeder Ton
und alle Farben sind entflohn,
nur rotrote Blüten baten.
als müßte alter Mord den Mohn
immer wieder von Sohn zu Sohn
verraten.

Rainer Maria Rilke

Wenn wie uns die Weisheit von Sheldrake zu eigen machen dann verstehen wir seine Aussagen" Morphischen Feldern liegen auch unseren Wahrnehmungen, Gedanken und anderen geistigen Prozessen zu Grunde. Die morphischen Felder geistiger Tätigkeiten heißen mentale Felder".

Und, ist nicht Morphium ein Opiat, welches im Opium der Mohnblume enthalten ist und uns berauscht oder den Schmerz lindert, wenn es erforderlich ist für die Heilung?

19. Mohnblumen sind unangepaßt.

Ja, Mohnblumen sind unangepaßt, denn sie sind keine braven Vorgartenpflanzen; die sich ordentlich, in Reih und Glied, dem bürgerlichen Weltbild anbieten.

Natürlich gibt es das auch, aber darüber hinaus findet man plötzlich, ganz überraschend Mohnblumen beim Spaziergang im Wald und auf der Heide, am Wegrand aufleuchtend.

Dann kontrastieren sie wunderbar mit dem sie umgebenden Grün.

Oder aber sie hat einen wunderbaren Platz im Kornfeld gefunden und ergänzt sich, wie beabsichtigt erscheint es einem dann, mit dem intensiven Blau der Kornblume und dem Gold der Kornähre. Es scheint dann ,als ob die Krone der Kornähre die Mohnblume königlich macht, sie nimmt diesen Platz jedenfalls königlich ein.

Wenn ein Blumenfeld fotografiert wird, ist es oft das Kornfeld, es spricht mit seinem leuchtenden Rot unsere Emotionen sofort an. Das scheint auch eines der großen Geheimnisse zu sein: die unmittelbare emotionale Wirkung!

Lassen wir uns vom Sinnbild der Mohnblume in andere Welten tragen, lassen uns verzaubern und zum träumen inspirieren . Ich glaube es lohnt sich.

20. Für mich ist es zu schwer?

Wenn wir sagen: „Für mich ist es zu schwer", oder: „Ich kann nicht", dann laufen wir Gefahr, das über uns gesagt werden kann: Wer sagt „Ich kann nicht, der will nicht!" und in gewisser Weise stimmt das natürlich auch.

Nur, nach aller bisher erfolgreich absolvierten Reflexions- erfahrung möchte ich hinzufügen, das diese Schutzbehaup- tungen im System des Menschen einen Sinn ergeben. Wir leben in einer Zeit in der viele Menschen sich übernehmen, keine Grenzen mehr kennen ,oder sich keine Begrenzungen mehr zugestehen. Das meine ich im Sinne von Maßlosig- keit.

„Für mich ist es zu schwer", kann jedoch auch bedeuten, das jemand an einem Schicksal leidet, das gar nicht sein eigenes ist, sondern eines das er übernommen hat. Eine Bürde die ihm zugeschoben wurde. Trag du das für uns, dann brauchen wir uns damit nicht ausseinander zu setzen. In den Märchen können wir das häufig, bei genauem Hin- sehen, erkennen.

Eltern schicken ihre Kinder in den Wald, Beeren suchen. Und setzen sie damit größtmöglichen Gefahren aus. Hän- sel und Gretel müssen sich dann den dunklen Figuren des Waldes stellen. Um des Überleben willens, müssen sie diese „Probleme" lösen und können dann nicht sagen, für uns ist das zu schwer.Sie haben ja sogar das Glück zu zweit zu sein, andere müssen dann schon ganz alleine ran, manchmal gelingt es nicht wie beim „Mädchen mit den Zündhölzern" welches erfriert.

In der griechischen Mythologie kennen wir das berühmte

Motiv der Sybillen, welche Odysseus von seiner Fahrt durch ihren betörenden Gesang abbringen wollen. Odysseus, der Prakmatiker, löst dies auf seine Weise, er bindet seiner Männern an der Galeere die Ohren zu, damit sie den Gesängen nicht verfallen. So umschifft er gefährliche Klippen.

Die „Sirenengesänge" unseres heutigen modernen Lebens sehen ein wenig anders aus.

Interessant ist jedoch, das es heute eine Bewegung gibt, die, durchaus wissenschaftlich ausgerichtet, das Wunder wieder aufgreift und es in das mentale Lösungsfeld des von einem „Problem" betroffenen hineinpackt. „Das Wunder ist etwas über alle Maßen erstaunliches, während das, woran wir erkennen, das es eingetreten ist, meistens etwas ganz Einfaches und Alltägliches ist. So verbinden sich in der lösungsfokussierten Arbeit das Überraschende und das gegebene Alltägliche in der Fähigkeit, etwas als neu zu sehen"

(Insa Sparrer)

Es geht also um Wunder die Alltäglich sind. So machen Wunder wirklich Sinn.

In der Arbeitsweise von Sparrer und von Kibéd gibt es die Vorgehensweise der Arbeit mit ritualisierten Sätzen. Hierbei werden diese Sätze in einem Aufstellungsritual gesprochen und es soll zu einer Desidentifikation hingeführt werden. Wenn jemand beharrlich dabei bleibt „Für mich ist es zu schwer" zu fühlen (denn letztlich ist es ein Gefühl), dann lautete der symbolisch gesprochene Satz:
„Dein Schicksal, Last/Schuld/Ruhm gehört ganz allein dir – ich habe darauf keinen Anspruch".

Damit wird dann in paradoxer Weise der Klient von seiner anmaßenden Haltung befreit, denn er hatte es sich ja selbst zur Aufgabe gemacht und gemeint, das alles tragen zu müssen. Aber natürlich ist das auf dem Hintergrund von menschlicher Liebe und Systemzusammenhalt nur allzu gut verständlich.

Aufstellungsarbeiten nach dieser Vorgehensweise sind enorm kreativ und ressourcenorientiert. Allein die Tatsache, wie selbstverständlich mit Wunder und Lösung umgegangen wird, hat etwas unglaublich erleichterndes. Es bringt weg von unserem Problemorientierten Weltbild und macht das „Problem" selbst zu einer Ressource. Dadurch brauchen wir, um gesund an Leib und Seele zu werden" keine Etikettierungen und menschenverachtenden Diagnosen mehr, da diese den Einzelnen nur in seinem Leiden festhalten und einschränkend wirken. Aber wie alle diese Methoden, steht auch sie außerhalb unseres Gesundheitssystems.

21. Wasser kann auch Droge sein.

Wir springen vom Wunder aufs Wasser. Aber das ist ja insofern kein Wunder, weil wir ja einen ganz berühmten Wanderer auf dem Wasser kennen: Jesus.

Die Metapher des Wasser paßt in unser mentales Feld, weil ja Wasser den berühmten Fließeffekt hat und „flow" ist ja eine Ressource nach der wir uns alle sehnen.

Ich erinnere mich an eine Zeit, in der ich einmal 3-4 Liter Wasser am Tag trank (aus Gesundheitsgründen) und da hatte sich bei mir das Gefühl eingestellt wie nach einer Drogeneinnahme. Dazu muß man anmerken, das ich über keine Drogenerfahrung verfüge.

Es war ein wunderbares Gefühl und ich frage mich, warum ich es nicht in den Alltag herübergerettet habe. Nun, es war auch ein großer Aufwand. Das Wasser mußte besorgt und es mußte auch regelmäßig, über den Tag verteilt, getrunken werden. Je nach Arbeitsbelastung ist das manchmal nicht einzuhalten. (Na ja, ist wahrscheinlich inkonsequent.)

Ich glaube, das dieses Gefühl von den Zellen transportiert wurde. Die Zellen unseres Körpers sehnen sich nach Wasser. Sie, die Zelle, kann dann ihre tägliche Arbeit, die Zellteilung, besser leisten und wir profitieren davon. Wasser ist Leben, es verbindet sich sofort mit dieser Metapher.

Die Metapher vom Wasser findet sich in geheiligter Form bei vielen Ethnien wieder.

„The river he is flowing, flowing an growing, down to the sea, down to the sea –

Mutter trage mich ‚dein Kind werde ich immer sein" heißt

es in einem indianischen Lied. Oft gesungen in den New Age Seminaren in den achtziger Jahren.

Das Meer trägt uns mit seinem Rauschen in einer Trance zu neuen Ufern – eine tiefere generative Entspannung ist nicht vorstellbar.

Lied vom

Uraltes Wehn vom Meer,
Meerwind bei Nacht,
du kommst zu keinem her,
wenn einer wacht,
so muß er sehn, wie er
dich übersteht,
uraltes Wehn vom Meer.
Welches weht
Nur wie für Urgestein,
lauter Raum
reißend von weit herein.

Oh, wie fühlt dich ein
Treibender Feigenbaum
Oben im Mondschein.

Rainer Maria Rilke

22. Die Mohnblume und der Schlaf.

Den Heilschlaf kennen wir aus vielen antiken Mythen. Der Mythos von Eleusis im alten Griechenland ist sagenumwoben und voller Geheimnisse. Überliefert sind jährliche Tempelrituale zu Ehren der Muttergöttin. Hierbei wurde wohl aus dem Mutterkorn der Ähre ein ekstatischer Trank hergestellt, welcher die Menschen zu Trancetänzen in enthemmter Weise führte. Priesterinnen der Liebe und der Ekstase dienten der Muttergöttin auf ihre Weise und standen damit in engem Zusammenhang mit dem Fruchtbarkeitsmythos.

Demeter, die Göttin des Kornes, und ihre Tochter Persephone, liebten einander innig und trotzdem übergab Demeter ihre geliebte Tochter dem Gott der Unterwelt als Opfergabe. So ruhte Persephone (oder auch Kore genannt) die Hälfte des Jahres im Dunkeln unter der Erde, um dann als Kornähre wieder das Licht der Welt zu erblicken. Ein wunderbarer Mythos.

Als kraftvolle Gabe der Mutter Natur birgt die Mohnblume in ihrem Inneren ,den Mohnsamen, dem Rauschkraft innewohnt. Wehe dem, der zuviel davon genießt, schnell ist er im Gefahrenbereich des Todes, des ewigen Schlafs.

Entsprechend in geringerer Dosis genossen, führt uns dies in einen Schlaf, der von visionären Träumen begleitet sein kann. Aber wir haben ja schon gesehen, das allein der Mythos der Mohnblume in visionäre Träume führen kann. Der Mensch braucht diese Träume. Sie erweitern seinen Geist. Und es war ganz sicher der größte Verdienst Sigmund Freuds, auf diese immense Bedeutung der Träume hingewiesen zu haben. Dies war schon zu Beginn des vergangenen Jahrhunderts. Aber auch heute noch gibt es viele Zweifler und Skeptiker dieser Visionären Erkenntnis.

Im Schlaf bekommen wir Menschen Träume geschenkt die uns in unserer Entwicklung weiterbringen. Wir erschrecken auch über unsere Träume, gelegentlich sind sie radikal. So radikal das wir sie durchaus mit dem Handeln antiker Götter vergleichen können, die ja auch wenn ihnen etwas nicht passte in einer deutlichen Sprache handelten. Sie verwandelten einen Menschen in einen Schwan, oder in eine Hirsch, je nach Willkür. In ähnlicher Weise machen das unsere Träume mit uns. Wenn wir diese Ebene erkannt haben und den Schrecken aufgegeben haben, dann können uns unsere Träume wunderbare Wegbegleiter sein, sie können uns lehrend durchs Leben führen.

Träumen Sie! Träumen Sie! Träumen Sie! Rät auch Julia Cameron in ihren Büchern die sie als Unterweisung in der Kunst der Kreativität ansieht. Weniger auf Menschen, als auf die eigenen Träume hören. Im Verständnis von Sheldrake ist der vorausschauende Traum eine Form der Präkognition, die ganz normal zum menschlichen Leben dazugehört. Nur, das es uns so schwer fällt, solche Phänomene anzuekennen und in unser Leben zu integrieren, zum Beispiel in der Form, das wir ein Traumtagebuch führen. Ich konnte feststellen, dass ich in meinen Träumen sowohl vergangenes verarbeiten, als auch zukünftiges vorausschauen konnte. Das meine ich jetzt keineswegs im Sinne von Hellsehen ,sondern ganz alltäglich. So hat mir der Traum das Fortgehen eines Menschen in eine andere Stadt angezeigt, einmal auch einen schweren Unfall. Jedenfalls habe ich mir angewöhnt ein Traumtagebuch zu führen und muß sagen, das es besonders in der Rückschau viel Sinn macht. Ach ja, so war das und das Motiv von Feuer und da das Motiv von Wasser macht alles Sinn.

Zum träumen eingeladen hat mich immer die CD von Bunt-rock „Das Meer", dem Rauschen dieses Meeres konnte ich mich nicht entziehen, es wirkte lösend und befreiend. Oft schlief ich ein und wachte nach einer Weile auf, schlief wie-der ein und so fort

23. Erst das Leben öffnet die Sinne.

Wenn wir unser Leben „ganz" nehmen wollen, dann haben wir auch die Aufgabe uns als Persönlichkeiten zu entwickeln. Die Wege dazu werden uns vielfältige aufgezeichnet und manche davon sind schon sehr linear. Genügt es denn wirklich, sich für dieses Leben vorzunehmen Millionär zu werden? Ist das nicht ; bei alle Komplexität der Betrachtung einer Persönlichkeit, ein bißchen wenig? Komplexität lautet meiner Auffassung nach das Zauberwort bei der Entfaltung der Persönlichkeit.

Aus dem Gedicht „Im Saal" von Rainer Maria Rilke

Sie lassen, voller Takt, uns ungestört
Das Leben leben, wie wir es begreifen
Und wie sie´s nicht verstehen. Sie wollten blühen,
und blühn ist schön sein, doch wir wollen reifen,
und das heißt, dunkel sein und sich bemühn.

Wenn wir reife Persönlichkeiten werden wollen; dann scheint ein vielversprechender Weg über die Entfaltung und effektiven Weiterentwicklung unserer Sinne zu liegen. Schon im Yoga betrachtete man seit eh und je den Körper als ein Gefährt oder gar als einen Tempel, der zu einer sorgfältigen Umgangsweise verpflichtet. Mit fortschreitender Bewußtseinsentwicklung wird uns dies immer klarer, ab einem bestimmten Zeitpunkt können wir überhaupt nicht mehr anders als die Bedürfnisse des Körpers zutiefst ernst zu nehmen. Alles andere käme einer Selbstsabotage gleich.

Heute geht ohne eine neurologische Neuprogrammierung gar nichts mehr. Und das bedeutet ;konsequent dranbleiben an den täglich neuen Ergebnis. Empfehlenswert sind Forschungsergebnisse jüngerer Zeit, Neil Slade wäre hier zu nennen; aber auch Bas Kass:

Meist kommt man nicht darum herum sich klar zu machen; wie sich unser menschliches Gehirn zusammensetzt.

Drei Teile des Gehirn sind zu kennen:
1. Das Reptilienhirn oder auch Stammhirn genannt. Produziert Streßhormone.
2. Das Säugerhirn oder auch Zwischenhirn genannt. Produziert Serotonin u.Endorphine.
3. Das Großhirn. Verbraucht Glukose, je weniger desto besser.

Zur Erklärung: Das Reptiliengehirn ist der älteste Teil unseres Gehirn und er regiert, wie könnte es auch anders sein, die eher primitiven Funktionen unseres Körpers und unseres Verhaltens: Nahrungsaufnahme, Sexualität, Kampf-Flucht-Reflexe.

Das Säugerhirn, entwickelte sich als wir schon weiter fortgeschritten waren, reguliert unsere Gefühle unsere soziale Verbundenheit und auch unsere Ängste.

Das Großhirn ist zuständig für unsere Begabung für Sprachen, Mathematik, kreative Betätigungen und auch sensible motorische Begabungen. Den zum Großhirn gehörenden Stirnlappen kommt eine große Bedeutung zu, dort werden kreative Denkprozesse in Gang gesetzt.

Zusammengefaßt: Wenn wir uns gut fühlen wollen, dann sollten wir dafür sorgen, das „Die Emotionen des Säugerhirns und die konditionierten Reflexe des Reptiliengehirns unter die Kontrolle der wachsamen Augen des Stirnlappens kommen"

Neil Slade

Konsequent zu Ende gedacht bedeutet dies für uns, das wir im Rahmen unserer eigenen Persönlichkeitsentwicklung lernen unser Gehirn zu trainieren.

Konkret trainiert man dann das Verbindungsstück zwischen rechter und linker Hirnhemisphäre, die Amygdala (kommt aus dem griechischen und bedeutet Nuß, oder auch Mandelkern), sie liegt im Zwischenhirn oder Säugerhirn.
Vom Persönlichkeitsmodell her betrachtet, gelingt uns auf diese Weise eine Ausgewogenheit des persönlichen Verhaltens. Überbordende Emotionen, „himmelhoch jauchzend zu Tode betrübt", sind dann Schnee von gestern.

Bei den meistens Menschen wird das Verhalten gesteuert durch die Dominanz eines Hirnbereichs. Wenn man nun herausfindet, welcher Teil dies bei einem selbst ist, kann die Arbeit beginnen.

Von besonderer Bedeutung für uns ist es, zu wissen, das unser Gehirn im Verlauf unserer Entwicklung daran gewöhnt wird, sich die negativen Ereignisse zu merken. Der Grund hierfür ist ein ganz simpler: Die negativen Ereignisse tun uns weh, im Gegensatz zu den positiven Ereignissen. Das hat zur Folge, das wir die positiven Ereignisse als selbstverständlich betrachten. Aus diesem Grunde haben wir Menschen eine

Neigung, negative Ereignisse zu wiederholen und aus diesem Kreislauf gilt es, in aller Konsequenz und mit nachhaltig wirksamen Übungen, auszusteigen. Indem wir uns angewöhnen positive Erlebnisse zu haben, gut gestimmte, wohlwollende Menschen um uns und eine anregende Umgebung! Dafür können wir aktiv etwas tun. Denken sie nur an die „Kunst des aktiven Handelns".

Auf die Plätze fertig los.

Jeder hat hier seinen eigen Stil. Listen anzulegen und Logbücher zu führen ist gewiß sehr hilfreich. Aber denken Sie auch daran, aus einer Psychotherapie oder aus einer laufenden Lerngruppe auszusteigen, welche die o.g. Kriterien nicht berücksichtigt oder integriert. Es bringt nichts, weil keine neuen korrigierenden Lernerfolge erreicht werden.

Wenn wir lernen, Schritt für Schritt, diese neuen Erfahrungen zu machen dann wird sich unsere Persönlichkeit, unsere Selbstachtung und unser Selbstwertgefühl erheblich verbessern und unser Zugang zum persönlichen Glück verbessert sich.

Hans-Werner Rückert gibt in seinem Buch wunderbare Hinweise dafür, wie wir negative Denkspiralen auflösen und damit Blockaden abbauen können. Er nennt sie Strategien gegen Grübeln und Zaudern. Mich persönlich begeisterten die Vorstellung von den „fetten grünen Grübelmatten mähen". Endlich ein Mentales Bild, mit dem man wunderbar innen drin arbeiten kann. Auch, so lehrt er, kann man sich die Zwangsgedanken als Disteln vorstellen, die man dann, natürlich fürsorglich ausgestattet mit Gummihandschuhen (wir wollen es uns ja gut gehen lassen und uns nicht verletzten), herausreißt.

Ein weiteres Bild ist das vom Fallobst unter einem Apfelbaum, welches mit Schwung in der Mülltonne landet. So befreit man sich.

Wir haben eine Menge Möglichkeiten uns sinnlich der persönlichen Weiterentwicklung zu widmen, nur anfangen müssen wir natürlich. Aber da liegen wir ja ganz im Trend der Zeit, denn noch nie gab es so viele, gute, manchmal weniger gute, Werke die unsere Motivation auf Trab bringen, oder anleiten den „inneren Schweinehund" zu trainieren. Der stammt übrigens aus dem Militär, also aus einer ganz anderen Zeit. Hat sich aber als Metapher jetzt wieder zum Leben erweckt und will uns dienlich sein. Und mit inneren Bildern arbeitet das menschliche Gehirn ja sehr gerne, wie wir wissen.

24. Der Duft gibt den Ausschlag.

Wenn wir die lange Liste der Ingredienzen vieler verschieden Düfte so durchlesen, dann stoßen wir auf eine Liste exotisch anmutender Pflanzen und Blütenstoffe die unsere Neugier erregen. Wie eigentlich riecht denn nun Limette, Patschoulie, Lilie, Weihrauch und Zedernholz ? Ja, das möchte man dann schon gerne wissen. Der Duft zaubert für uns ganz schnell eine heilige Aura. Wir müssen jedoch verstehen welcher Duft der für passende ist. Wenn wir jung sind wissen wir das noch nicht so genau, wie viele andere Dinge des Lebens will auch die Wahl des Duftes gelernt sein. Chanel; oder die asiatisch-japanischen Düfte?

Ich für meine Person kann sagen ich mag beides, es bereichert mein Leben ungemein; wenn ich unterschiedliche Duftnuancen mein eigen nennen darf.

Interessanterweise las ich bei Eugen Drewermann; über das Bedürfnis des Menschen immer wieder das Göttliche , und das ist in allen Kulturen gleich, in den etwa gleichen Bildern zu malen. So gibt es in der indischen Kultur ein bedeutendes Bild über die Geburt des Buddha.

Die heilige Mutter – Mahamaya – bringt ihren Sohn"Unter einem Blumenregen von Lotusblüten und dem Klang von Sphärenmusik zur Welt". Es gibt in allen diesen religiösen Bildern einen engen Bezug zu den Düften der Pflanzen und Gärten. Im Garten Eden ist es der Duft von allen exotischen Pflanzen überhaupt und die Verzauberung durch den Geschmack des Apfels. Es ist so, als ob in alle diese überlieferten Mythen der Duft immer wieder wie Selbstverständlich hinzugenommen wird. Mich persönlich hat in den Versen von Rilke die unmittelbare Verwendung der Beschreibung

von „orangen duftenden Hainen" und sich „lorbeern" füh-
lenden Menschen schon immer fasziniert. Hier wird Magie
freigesetzt und es werden unsere Sinne unmittelbar auf
verschiedenen Ebenen angesprochen. Wann haben wir uns
das letzte mal lorbeern gefühlt? Aber, Rilke sagt auch, alles
will leicht sein, da gehen wir daher wie Beschwerer.

Wir fallen geradezu in ein exotisches Duftmeer; wenn wir
uns der ägyptischen Mythologie zuwenden. Alles in dieser
Kultur ist sinnenbezogen, bildhaft und zelebriert. In Ägypten
dachte man nicht logisch; sondern kultisch.
Die Mysterien der Ägypter wurden nicht aufgeschrieben,
sondern aufgeführt. Sie wurden nicht erzählt und auch nicht
gelehrt sondern gefeiert. Daran, ja genau daran sollten wir
uns auch heute noch ein Beispiel nehmen. Unser Leben
feiern wie eine Religion.

„Es kam dieser herrliche Gott,
Amon, Herr der Throne und Länder,
nachdem er die Gestalt ihres Gatten (Thurmosis)
annahm.
Sie fanden sie in der Schönheit ihres Palastes ruhen.

Sie erwachte vom Duft des Gottes
Und lachte vor seiner Majestät.
Er ging sofort zu ihr und entbrannte für sie.
Er verlor an sie sein Herz.

Sie konnte ihn schauen,
in der Gestalt eines Gottes,
nachdem er ihr nahegekommen war.
Sie jauchzte, seine Schönheit zu sehen.

Seine Liebe drang in ihre Glieder.
Der Palast war überflutet
Vom Geruch des Gottes.
Alle seine Düfte waren (Düfte) von Punt.

Die Majestät dieses Gottes
Tat an ihr alles, was er wünschte.
Sie erfreute ihn mit sich
Und küßte ihn.

(Beckerarth)

Wunderbare, sinnenbezogenen Bilder einer hohen Kultur. Beschäftigt man sich mit der ägyptischen Kultur kann man vieles zur Persönlichkeitsbildung lernen. Hier wird zum erstenmal die Ahnung laut, das wir als Person nicht nur Kind unserer Eltern sind, sondern einem größeren ganzen angehören. Das königliche Sonnenkind ist das Sinnbild der über sich hinauswachsenden, im göttlichen geborgenen Person. So kann sich Kreativität entfaltet, so wird Liebe dem Menschen möglich.

Wenn Männer und Frauen heute lernen, stärker aus ihren Sinnen heraus zu leben und zu entscheiden, dann erfüllt sich eine Weissagung aus dem Song von Andre Heller in den siebziger Jahren, die da heißt: „Und Männer sind nur mehr gemacht aus Liebe zu den Frauen".

„Einen Maitag mit dir zusammen sein,
und selbander verloren ziehn
durch die Blüten duftqualmende Flammenreihn
zu der Laube von weißem Jasmin.

Und von dorten hinaus in den Maiblust schaun,
jeder Wunsch in der Seele so still.
Und ein Glück sich mitten in Mailust baun,
ein großes, – das ists, was ich will."

Rainer Maria Rilke

Das ists, was ich will!

25. Archaische Abwege: Das Parfüm

Wer kennt sie nicht die Abgründe die sich auftun im Roman „Das Parfüm" von Süsskind. Da regiert in einem Menschen das Reptiliengehirn und er wird zum reißenden Ungeheuer.

Der Roman kann uns dazu ermutigen an unserer Entfaltung der Sinne zu arbeiten. Wenn wir es nicht lernen, in einem komplexen Sinne mit unserer Natur umzugehen, dann nimmt sie Gewalt über uns. Ein gutes Beispiel hierfür ist die Verfallenheit einzelner Menschen an die unterschiedlichsten Süchte. Allen voran natürlich die verbreitete Alkoholsucht. Hier ist der Mensch nicht mehr Herr über sich selbst, er ist in einem gewaltsamen Sinne seiner selbst entfremdet. Entfremdung ist ein Phänomen unserer Zeit, aber wir haben es selbst in der Hand; offen und wach zu werden für die Stimmen die uns zurückrufen, uns integrieren in ein großes und gesundes Ganzes. Wir sind selbst verantwortlich.

26. Erfinden wir uns neu über die Sinne

„Widme dich der Liebe und dem Kochen mit wagemutiger Sorglosigkeit"

Dalai Lama

Wir erinnern uns gut und gerne an den Anfang unserer Auseinandersetzung mit
„Duft und Mohnblume neu erfinden" und daran, das es einen Wissenschaftszweig gibt der sich damit befaßt und ganz besonders im Forschungsbereich Biologie zu finden ist.
Autopoiese nennt man diesen Zweig, was für ein wunderbarer Name für ein neues Parfüm?
Inzwischen hat ja auch die Schönheitsindustrie Anleihen für ihre Zwecke aus all diesen neu gewonnenen Erkenntnissen genommen und die Zusammenhänge sind logisch und leicht erkennbar. Wenn es der Natur gelingt etwas zu erfinden, was einen eventuell genommenen Schaden im System optimal ausgleicht, dann möchte man das übertragen auf die menschlichen Bedürfnisse. An dieser Stelle gilt es die Göttlichkeit der Natur zu würdigen.

Verstehen läßt sich das so: Zelle geschädigt, Zelle erneuert sich, wenn sie das Mittel zur Verfügung gestellt bekommt selbst.
Aber so ganz einfach ist es dann doch nicht: „Schönheit ist überall dort wo Seele und Leib miteinander verschmelzen, wo eine Gestalt für die Sinne sichtbar wird."

Eugen Drewermann

Forscher fanden auf dem Grunde des Meeres zu erforschende Korallenreiche immer auf der Suche danach, für den Menschen verwertbare Substanzen zu finden; um diese dann der Unsterblichkeit des Menschen beizusteuern.

Der Mensch aber ist Körper, Seele und Geist. Die Funktionsweisen des menschlichen Gehirns wurden bisher noch viel zu wenig in die Experimentierstuben es Schönheitsforschung miteinbezogen.

So erklärt uns der Neurobiologe Prof. Dr. med. K.F. Klippel aus Celle folgendes:

„Nur sehr selten werden die Möglichkeiten eines humanen Gehirns mit all seinen Möglichkeiten wirklich genutzt. Um so mehr gilt es, die ungemein kraftvolle Ressource der mentalen positiven Beeinflussung im Rahmen einer psychoonkologischen Behandlung zu benutzen. So sind Hirnstrukturen nicht primär genetisch codiert, sondern das Gehirn verändert sich unter dem Einfluß des Denkens im Rahmen einer so genannten dynamischen Binnenordung ständig selbst, wobei Strukturveränderungen auch zu Systemveränderungen führen. Gedanken, Emotionen, Phantasie sind in der Lage, Gene an-bzw. abzuschalten, die ihrerseits Neurotransmitter codieren, oder emotionsübertragende Signalsubstanzen wie z.B. Endorphine. Spricht ein Mensch mit einem anderen, bewirkt er in dessen Gehirn Veränderungen in der Verknüpfung synaptischer Netzwerke. Es finden also ständig auch strukturelle Veränderungen im Gehirn statt."

Konkret und in die Praxis übertragen bedeutet dies, wir benötigen im Rahmen der Schönheitsbetreuung und Therapie einen neuen Beruf. Eine neue Kosmetikerin, die eine Kombination aus Produktkenntniss, verbaler Therapie und Berührung in sich vereinigt. Sicher gibt es das schon, jedoch macht es einen Unterschied (ein Unterschied der einen Unterschied macht), wenn das Ganze im Rahmen einer höchst bewußten Entscheidung, sowohl ausgebildet als auch angeboten wird.

Was für eine wundervolle Vorstellung: einen Menschen kosmetisch behandeln und durch die Berührung und das gezielt eingesetzte Gespräch, Veränderung und Heilung bei ihm zu bewerkstelligen.

27. Stürme strukturierten die Reisen der ersten Seefahrer

Die frühen Navigationssysteme der ersten seefahrenden Menschen entstanden durch eine Suchbewegung auf hoher See. Dabei orientierten sich diese Segler am Sternenzelt des Himmels, die Sterne zeigten ihnen den Weg.

„Ziele auf den Mond. Wenn du ihn verfehlst, erreichst du die Sterne."

Dr. Peale, amerikanischer Erfolgstrainer

Auch aus o.g. Grund erhielt die Sternenwelt ihre mythologische Bedeutung. Jeder Stern ist ein Mythos. Denken wir nur an die Planeten die den einzelnen Sternbilder zugeordnet sind. Beispielsweise ist Venus dem Stier zugeordnet und Menschen die im Sternzeichen Stier geboren sind, gelten seit jeher als sinnlich und erotisch, ein Mythos? Ja, eben. Gleichwohl, ein Flirt über das Sternzeichen ist noch immer eines der beliebtesten Mittel um mit einem anderen ins Gespräch zu kommen: So strukturieren gelegentlich noch heute die Sterne unsere Kommunikation und führen uns zum richtigen Partner. Aber eben anders als uns gelegentlich „verklickert" wird. Sie sind einfach ein wunderbares, Barrieren abbauendes Kommunikationsmittel.

Darüber hinaus habe ich festgestellt, das Menschen, die dem Sternzeichen Stier zugehören die Parfüms der Firma Kenzo besonders lieben.

So finden wir in der Astrologie schon ein sehr frühes, ja das erste Model unterschiedlicher Persönlichkeiten, die nach ihren Sinnesfunktionen beurteilt werden. Wissenschaftlich

ausgedrückt; könnte man auch sagen: ein erstes Diagnose-verfahren. Und das ist eben auch ein Navigationsgesetz .
Wir sehen; Strukturen bilden sich immer dann, wenn dies dem menschlichen sozialen Funktionieren ein Bedürfnis ist. Und, wieder und immer wieder, stürzt eine sich einmal geordnete Struktur in sich zusammen. Dann baut sie sich neu auf.

Auch die Engel gehören einem strukturierten System an, sie werden nach ihren spirituellen Energien eingeteilt. Sie ent-springen einem religiösen Bedürfnis des Menschen, dieses ist in allen Kulturen zu beobachten. Engel entbehren jedoch in der Projektion durch den Menschen nicht einer gewis-sen Einseitigkeit. Sie werden einseitig ins Licht gestellt, der Schatten wird abgespalten.

Die erste Elegie
Wer, wenn ich schrie, hörte mich denn aus der Engel Ord-nungen? Und gesetzt selbst, es nähme Einer mich plötzlich ans Herz: ich verginge vor seinem stärkeren Dasein.
Denn das Schöne ist nichts
Als des Schrecklichen Anfang, den wir noch grade ertragen, und wir bewundern es so, weil es gelassen verschmäht, uns zu zerstören. Ein jeder Engel ist schrecklich.

Rainer Maria Rilke

Treffender kann man es nicht beschreiben. Wir sehen der Mensch sieht sich hier klein. Gleichwohl steckt dahinter na-türlich schon ein Erkenntnisprozess, denn er weiß er ist beides: groß und klein. Engel helfen uns also bei der Be-wußtwerdung.

Die Gestalten der griechischen Mythologie, die Götter, sind in ihren ganzen Verhalten schon viel radikaler. Verwandeln sie sich doch schnellstens, wenn ihnen nach einem menschlichen Wesen gelüstet in einen Schwan und paaren sich eilig. Damit tun sie etwas, was wir Menschen gut kennen, wir wollen gelegentlich ganz schnell etwas haben und besitzen, ohne die entsprechende Vorarbeit zu leisten. Besonders wenn uns Lebenserfahrung fehlt, kann uns dies erheblichen Schmerz erfahren lassen. Damit beginnt dann ein Lernprozess, denn es anzunehmen gilt. Ohne wenn und aber.

Planeten und Sterne erzählen uns Geschichten. Und wenn wir aufmerksam und vorurteilsfrei zuhören, können wir daraus etwas lernen. Wir können lernen, das es unterschiedliche Energien gibt, mit denen umzugehen zu lernen lohnt. Märchenfreunde finden Analogien in den Gestalten des Sterntalers, des Hans guck in die Luft oder der Frau Holle. Frau Holle, eine Mondgöttin? Wir können wunderbar lernen zu interpretieren. Die Göttin mit der hellen und der dunklen Tochter? Beide radikal einfach in gut und böse aufgeteilt. Vielleicht, weil unser Bewußtsein noch nicht anders differenzieren kann. Träumen wir weiter, unser Unterbewußtsein wird wunderbar für uns arbeiten. Lernen wir von Sterntaler: Es ist alles da, für mich wird kosmisch gesorgt. Lassen wir die Sorgen los!

Warum erfinden wir nicht unser eigenes Märchen und navigieren uns mit unserem neuen Selbbstverständnis durchs Leben?

Wir wissen, von allen Formen der Bewertungen die wir erfahren können, erfahren werden und die uns unweigerlich begegnen, ist die Selbstbewertung diejenige, die die meisten Auswirkungen auf uns hat. Ein weiterer Grund; die Opferstories zu beenden und Verantwortung für unseren Navigationsprozess durchs Leben zu übernehmen.

Es geht hier um die 100% Übernahme der Verantwortung. Für das eigene Leben.

Und, verzeihen wir uns selbst für Dinge die falsch gelaufen sind. Denn, wenn wir uns selbst verzeihen dann gehen wir gut mit uns um. Und dann schwingen wir in einer schönen Energie. Unser Körper muß keine Streßhormone produzieren, er fließt in einer seligen Energie.

Schon Johnann Wolfgang von Goethe wußte um die Bedeutung von Fehlern, er war ein fehlerfreudiger Mensch. „Wenn du nicht irrst, kommst du nicht zu Verstand."

Wie der Berliner Psychoanalytiker Hans-Werner Rückert uns vorschlägt, ist der beste Weg gut mit seinen „Fehlern" zu leben, der, diese einfach neu zu bewerten, ihnen einen anderen Rahmen zu geben. Und genau davon handelt dieses ganze Buch. Wir nehmen bewußt wahr; daß menschliche Veränderung ein unausweichlicher Schritt auf dem Weg zum vollen Potential ist. Wenn wir diesen nicht tun wollen; dann handeln wir gegen uns gerichtet. Passivität läßt Entwicklung nicht zu, wir vermeiden vielleicht einen Schmerz, verhindern damit aber das Hineingleiten in neue nie geahnte Formen von Glück.

Glück folgt der Entschiedenheit
Glück ist ein wählbares Gut
Glück kann ich selber machen

28. Lernen wir unser Vertrauen zu wecken.

Wenn ein Mensch lernt Vertrauen in seine inneren und äußeren Fähigkeiten zu entwickeln, dann führt dies automatisch zu einer höheren Selbstbewertung und darauf kommt es an. Selbstbewertung ist immer innen und außen.

„Der gewöhnliche Mensch bedauert seine Fehler – der besondere Mensch seine Unachtsamkeit."

Tessawuf

Achtsamkeit ist ein sinnliches Tun, wenn ein Mensch beginnt seine Selbstbewertung neu zu definierten.
Achtsamkeit in der
- Wahl der Nahrung, die er seinem Körper zuführt
- Wahl seiner unmittelbaren Umgebung
- Wahl seiner ihn pflegenden Produkte
- Wahl der ihn optisch verschönernden Produkte
- Wahl der Personen, die ihn umgeben
- Wahl der selbstbestimmten Tätigkeiten, die er verrichtet
- Wahl der Vorsorglichkeit in Bezug auf die Zukunft
- Wahl der Mittel seine Kommunikation zu verbessern
- Wahl seine Kunsterziehung gezielt in die Hand zu nehmen
- Wahl seine Kompetenzen optimal zu verbessern und einzusetzen
- Wahl seinen Reichtum zu vermehren und einzusetzen
- Wahl seiner spirituellen Methoden den Geist zu befreien

Wie in den zahlreichen amerikanischen Selbsthilfebüchern empfohlen, ist es sehr sinnvoll die Möglichkeiten der Listenführung oder des Karteikärtchensystems zu wählen, um hier erfolgreich und effektiv voranzuschreiten.

Es ist einfach eine Tatsache, das unser Gehirn besser lernt, wenn es Geschriebenes vorgelegt bekommt. Und zwar regelmäßig, bis es sozusagen in Fleisch und Blut übergegangen ist.

Wir wissen ja: Unser Gehirn denkt in Bildern.

Wenn wir uns nicht genügend lieben, fällt es uns sehr schwer, uns die entsprechende Selbstbewertung entgegenzubringen. Liebe aber ist eine Energie, die in jedem Fall einzuüben sich lohnt. Mit Energie können wir sehr viel erreichen an tatsächlicher Verbesserung unserer gesamten Lebensbedingungen. Ich denke daran, das ich eine nicht geringe Zeit mit sehr wenig finanziellen Mitteln zurechtkommen mußte: Ich bewerte mich persönlich hoch dafür, das ich das geschafft habe. Wunderbar, wie mir das gelungen ist. Welche Herausforderung. Und wie hat es mich unabhängig gemacht. Es hat meine Selbstachtung erheblich gesteigert und nicht herabgesetzt. Eine hohe Leistung.

Verwandeln wir unseren inneren Kritiker in einen inneren Coach und gehen wir achtsam mit uns um.

29. Düfte strukturieren neu, wir wählen.

Wenn wir Düfte erschnuppern ist unser Reptiliengehirn in Aktion, der älteste Teil unseres sich im Laufe der Millionen weiterentwickelnden Gehirns.

Wir wählen, welchem Duft wir folgen wollen. Hierbei spielen oft Erinnerungen an viel frühere Zeiten eine große Rolle. Düfte können uns in eine andere Welt versetzen. Wir haben auch hier die Möglichkeiten des neuen Lernens. Lassen wir doch einfach einmal neue und ungewohnte Gerüche an uns heran. Leiten kann uns dabei am besten das Wohlbefinden. Was gefällt mir, was zieht mich besonders an, was versetzt mich in Entzücken?

Zum strukturierten Wahrnehmen kann man sich gut erziehen. Auf der Terrasse kann ein Kräutergarten uns in sinnlichen Genus versetzen. Im Bad ein Seifenbüfett. In der Küche dürfen es exotische Gewürze sein. Allzuviel neue dürfen es nicht immer sein, denn dann schaltet unser Gehirn ab. Es ist auch so, das wir einen Duft oft nach 15 Minuten nicht mehr riechen. Dann hat unser Gehirn sich daran gewöhnt, und abgeschaltet.

Strukturieren können wir auch bei der Auswahl von Kleidung. Wie riecht Baumwolle ?
Wie Seide? Wie Leder? Industriell hergestellte Textilien haben wir längst aussortiert.

Wir können neue Blumen in eine Vase stellen. Wie riechen Veilchen?

Bei der Einübung des „Photoreading", einer Schnelllesemethode, empfiehlt der Autor Scheele doch an den Buchseiten zu riechen, um einen neuen Zugang zum Buch zu finden.

Wir können sehen, auch hier sind unserer Phantasie keine Grenzen gesetzt. Unser Gehirn lernt unaufhörlich dabei, lassen wir uns diesen Lerngewinn nicht entgehen.

30. Angst ist ein Botenstoff.

Wenn ein Mensch Angst hat dann hilft nur eins: Er muß sich dieser Angst stellen und ihr ins Auge schauen. Einen anderen Weg gibt es nicht. Selbst dann nicht, wenn er meint sterben zu müssen.

„Und es kam der Tag, an dem das Risiko, in der Knospe eng verschlossen zu bleiben, quälender war als das Risiko, sich zur Blüte zu entfalten."

Anais Nin

Bei Angst werden sofort bestimmte Areale unseres Gehirns tätig und produzieren Stoffe wie Adrenalin und Cortisol, diese mischen unseren Stoffwechsel auf und geben uns eine ganz bestimmte olfaktorische Ausstrahlung.
Das ist auch der Grund, warum bei bestimmten seelischen Erkrankungen häufig ein bestimmter Streßschweiß wahrzunehmen ist. Man kann dann sagen, und das wäre natürlich ein Extremfall, trotzdem: man riecht förmlich die Angst.

Im Volksmund sagen wir „mir ist förmlich der Schweiß ausgebrochen" und eine andere Aussage lautet „Ich habe mich vor Angst naß gemacht". Beide Aussagen erzählen davon, das der Körper unmittelbar mit uns spricht wenn wir ihm zuviel zumuten, oder über unsere Grenzen gehen. Genau diese Grenzen sind bei Angst ein großes Thema: Wenn man also Angst hat, dann muß man auf seine Grenzen schauen. Man muß diese dann genau definieren und möglicherweise mit Hilfe eines Fachmannes, oder einer Fachfrau, langsam lernen die Grenzen neu zu definieren. Das kann man mit bestimmten Übungen tun.

Und siehe da, plötzlich wird alles leichter.

„Aus der Knospe der Verwirrung hebt sich die Blüte der Verwunderung"

Tessawuf

Wie bei allen unseren menschlichen Einschränkungen sind es die inneren Bilder, die uns insbesondere helfen, eine einschränkende Herangehensweise an das Leben zu erneuern.

Bei dieser Vorgehensweise können wir lernen unsere Ängste zu lieben. Denn sie haben tatsächlich etwas mit einem geflügelten Boten gemein: sie behüten uns unter anderem auch. Sie sorgen dafür, das wir nicht zu nah ans Wasser gehen und uns damit eventuell in Lebensgefahr begeben.

Ängste lernen uns die Fähigkeit der Aufmerksamkeit in höchster Form zu entwickeln.

„Mangelnde Aufmerksamkeit bedeutet eine Verleugnung des Lebens, gleich ob es ums Fenster putzen geht, oder darum ein Meisterwerk zu schreiben."

Nadia Boulanger

Angst ist nicht nur negativ. Sie führt uns zu Lernprozessen hin, wenn wir auf die darunterliegende Botschaft hören. Sie will uns immer etwas sagen: achte auf mich, pass besser auf dich auch, nimm mich ernst.

Um es einmal in der Sprache der Systemischen Aufsteller im therapeutischen Bereich zu sagen: Wenn wir von der Angst fortgehen können, da kann „die Kraft des Verzichts auf das Eine in die Wahl des anderen fließen" und dies ist wunderbar formuliert von Insa Sparrer und Matthias Varga von Kibed in „Wunder, Lösung und System".

Und Georg Christoph Lichtenberg sagt „Ich kann freilich nicht sagen, ob es besser werden wird, wenn es anders wird; aber so viel kann ich sagen, es muß anders werden, wenn es gut werden soll."

Angst, mal klein, mal groß, darf Teil unseres Lebens sein, wir sollen sie kennen.

31. Gold ist die Farbe der Liebe.

Das Gold der Sonne hat die Menschen zu allen Zeiten schon fasziniert. Bemerkenswert die Mengen an Gold die allein die Ägypter in ihren Gräbern als Totengaben hinterlassen haben. Ganze Schreine waren mit Gold überzogen. Gold ist ein Ausdruck höchster Liebe und bestmöglichen Schutzes. Gold hat eine hohe Energie und wir sollten diese Energie in unser Leben holen, auch zum Zwecke unsere eigene Energie zu erhöhen, Gold erzeugt eine hohe Schwingung.

Gold bringt Süße in unser Leben. Es gehört an jede Hand und an jeden Hals. Gold schmückt das Innere meines Mundes.

„Nichts ist mir zu klein und ich lieb es trotzdem und mal es auf Goldgrund und groß, und halte es hoch, und ich weiß nicht wem, löst es die Seele los.''

Rainer Maria Rilke

Nicht ohne Grund ist der Ring der Geliebten die sich dauerhaft binden, ein goldener. Gold bindet uns an etwas glückliches, es ist ein Versprechen.

Dieses Versprechen ist ein sehr altes und wir kennen es aus vielen Mythen und Märchen wenn die herunterfallenden Äpfel plötzlich golden sind, oder ist es der Apfel des Paris der zu guter letzt zum Schicksal eines ganzen Volkes wird? Marienkinder tragen goldene Kleider, es gibt eine Goldmarie und Aschenbrödel wird vom einem goldenen Gewand eingehüllt. Zu guter Letzt!

Komm, schönes Kind
Komm du, mein schönes Kind,
laß dich umfangen,
nur ein Kuß geschwind,
still mein Verlangen!

Lieben ist Leben
Frag nicht was morgen ist

Laß nicht vorüberziehen
Den Traum, den Süßen,
so lang die Rosen glühen
Kannst du genießen!

Rainer Maria Rilke

Ja, ein sinnen bozogenes Leben und Lieben öffnet uns für den vollen Genuß des Leben und dies ist der Sinn und Zweck eines jeden Lebens. Es dauert eine Weile bis wir das spielerische in uns, sozusagen unser kosmisches Kind, wieder ungestört agieren lassen. Aber damit anzufangen, dieses Spiel zu fördern und wert zu finden, ist an keine festgelegte Zeit gebunden.

Dieser spielerische Zustand zieht ein ekstatisches Empfingen nach sich, denn dann fällt uns alles leicht, denn wir legen ja auf alles was wir tun einen Goldstaub. So fällt uns vieles leichter.

„Es gibt nur eine Zeit, in der es wesentlich ist aufzuwachen. Diese Zeit ist jetzt""

Buddha

Literaturliste

Sheldrake Rupert
Der siebte Sinn des Menschen
S.Fischer-Verlag

Cameron, Julia
Mit offenen Augen durch die Welt
Knaur MensSana

Rilke, Rainer Maria
Rilke
Edition Lempertz

Linke, Detlef
Einsteins Doppelgänger
C.H.Beck

Rückert, Hans-Werner
Entdecke das Glück des Handelns
Campus

Klein, Stefan
Einfach glücklich
rororo

Sparrer, Insa
Wunder, Lösung und System
carl-auer-systeme

Sparrer, Insa; Kibed v. Varga
Ganz im Gegenteil
carl-auer-systeme

Sprenger, Reinhardt
Die Entscheidung liegt bei dir
campus hörbuch

Canfield, Jack
Switzer, Janet
Kompass für die Seele
Goldmann V.

Drewermann, Eugen
Deine Name ist wie ein Geheimnis
Herder V.

Siegel, Monique R.
Vom Lipstick zum Laptop!
Verlag und Studio für Hörbuchproduktionen Beltershausen